Manfred Lucenz-Bender

Was eine Harke ist

Aus dem Alltag eines Gärtners

Mercator

Text: Manfred Lucenz-Bender
Fotos: Ulla Michels/WAZ FotoPool, außer Foto S. 31 rechts oben: Markus Weißenfels/WAZ FotoPool, und Fotos S. 32, S. 40 links oben und S. 41 rechts oben: Thorsten Lindekamp/WAZ FotoPool
Layout: Sabine Ernat, Dorsten
Lektorat: Susanne Schulten
Druck: Druckhaus Cramer, Greven

Bibliografische Information der Deutschen Bibliothek
Die Deutsche Bibliothek verzeichnet diese Publikation in der Deutschen Nationalbibliografie; detaillierte bibliografische Daten sind im Internet über http://dnb.dnb.de abrufbar.

ISBN 978-3-87463-538-7

Einleitung

„Das ist aber viel Arbeit!" Mit diesem Satz verabschiedet sich so mancher Besucher unseres 4.000 Quadratmeter großen Gartens. Früher erwiderte ich immer etwas trotzig: „Aber mir macht diese Arbeit Spaß."

Doch weil ich auf diese Weise nur ein mitleidiges Lächeln erntete, lautet mittlerweile meine Antwort: „Ich arbeite nicht, ich gärtnere!" Nicht zu vergessen dabei mein leicht überlegenes Lächeln.

Von diesem „Gärtnern" handeln die Texte des vorliegenden Buches. Gärtnern ist eine komplexe Tätigkeit. Es beginnt beim Sammeln von Informationen aus Büchern und bei Gartenbesuchen, erfordert sorgfältige Planung

und Gestaltung und endet mit den vielen praktischen Tätigkeiten des Gärtnerns, angefangen bei der Bodenbearbeitung, dem Aussäen und Ernten bis hin zum Unkrautzupfen.
Und das „Genießen“ mit all seinen Facetten gehört dazu – auch die Muße, die jeweiligen Gartenbilder zu betrachten, und beschauliche Momente auf der Gartenbank mit einem Glas Wein in der Hand. Doch der Genuss ist weitaus vielfältiger: das Umgraben der Erde an einem Vorfrühlingstag, während die Kraniche am Himmel gen Norden ziehen, der Gesang der Vögel, die vielen Duftnuancen, das erste Grün der Bäume, die letzten leuchtenden Farben des Herbstes. Die Liste der Genüsse ist unendlich lang, insbesondere dann, wenn ein Obst- und Gemüsegarten dazugehört und zum Augenschmaus auch noch die Gaumenfreuden kommen.
An keinem anderen Ort auf der Welt bin ich so sehr ich selbst wie im Garten. Näher kann ich der Natur, in der und von der wir leben, nicht sein.

Der Katalog mit den Zwiebelpflanzen ist gefährlich. Wenn Manfred Lucenz in dem Heft mit den bunten Tulpen und Narzissen blättert, dann überkommt ihn leicht ein Kaufrausch. 6.000 Zwiebelpflanzen setzt er jährlich mit seinem Partner Klaus Bender in seinem Garten im niederrheinischen Schneppenbaum. Ob dieser Obsession gesteht er sich gerne ein: „Bei Blumenzwiebeln werde ich schwach."

Manfred Lucenz ist 65 Jahre alt, besitzt jahrzehntelange Erfahrung als Gärtner, und noch immer überkommt ihn eine kindliche Lust am Pflanzenrausch. Er möchte diese Freude an der Beschäftigung mit dem Garten und der Natur als Entschleunigung eines immer hektischer werdenden Alltags weitergeben. Für den Hobbygärtner vom Niederrhein ist der Garten nicht nur ein Stückchen bewachsener Grund, sondern eine Lebenseinstellung.

Seit 2012 schreibt Manfred Lucenz für die Neue Rhein Zeitung (NRZ) seine Kolumne „Blatt und Blüte". Jeden Samstag begeistert er die Leser mit seiner Freude am Garten, seinem Detailwissen, praktischen Tipps und schönen Texten. In seiner Kolumne, die die Grundlage dieses neuen Buches ist, lädt er ein zum genauen Hinsehen, zum Staunen und Freuen. Er beschreibt nicht nur die überbordende Fülle der Blütenpracht, sondern auch die unauffälligen Schönheiten des Naturschauspiels Garten. Es geht ihm um das „Gärtnern an sich". Jenes Erlebnis zwischen Arbeit, Entspannung und zufriedenem Wohlgefühl, welches so viele Menschen im eigenen Grün suchen und finden.

Gemeinsam mit Klaus Bender hat er zwischen 1984 und 1995 den Garten aufgebaut und seit Ende der 1990er Jahre für ein breites Publikum geöffnet. Mit einem wahnsinnigen Erfolg. Tausende Besucher strömen jedes Jahr an die alte Katstelle in Schneppenbaum. Die Fotografin Ulla Michels hat die Arbeit von Manfred Lucenz zwei Jahre lang begleitet und jede Woche die Arbeiten im Garten in stimmungsvollen Fotos festgehalten.

Doch der schöne Schein soll nicht trügen: Hinter einer traumhaften Kulisse im Sommer steht harte Arbeit. „Ein Garten ist wie eine Partitur in der Musik – jedes Jahr muss sie neu belebt werden", sagt Lucenz. Perfektion strebe er nicht an, aber trotzdem sehe man als Gärtner immer das, was gerade nicht funktioniert hat. Ein Garten lasse sich nicht bis ins letzte Detail planen. Das lerne man schnell. „Man kann mit den Pflanzen nicht machen, was man will. Die Licht- und Bodenverhältnisse spielen eine enorme Rolle." Und vor Überraschungen in den Beeten, negativen wie positiven, sei man nie gefeit.

Eine schöne Grundlage für reichlich Schreibstoff.

Andreas Gebbink
Redaktionsleiter NRZ Kleve

Januar

Der Monatsanfang gehört noch in die Weihnachtszeit, und der Gärtner weiß, dass draußen alles ruht, zumindest oberflächlich gesehen. Die Gemütlichkeit der Weihnachtstage schwingt langsam aus, der Alltag beginnt wieder, nach dem Dreikönigsfest werden die Tage spürbar länger, und es erfolgen kurze Gänge durch den Garten. Bestimmen Eis und Schnee die Tage, wendet sich der Gärtner wieder beruhigt dem Kaminfeuer und seinen Büchern zu. Auf dieses Wetter sind die Pflanzen unserer Klimazone eingestellt. Ist der Januar jedoch frostfrei, locken die wenigen Sonnenstrahlen nach draußen. Die ersten Spitzen der Zwiebelblumen kommen schon aus der Erde und die Christrosen (*Helleborus niger*) blühen üppig. Mit gemischten Gefühlen betrachtet der Gärtner dieses Wachstum im Januar – ob das gut gehen wird? So ist der Monat Januar von der Furcht bestimmt, dass der Winter noch einmal mit der Frostkeule zuschlägt.

Was wünscht sich der Gärtner vom neuen Jahr?

Während sich die Welt zum neuen Jahr Glück und Gesundheit wünscht, hat der Gärtner vor allem noch einen Wunsch – gutes Wetter! Aber das gute Wetter des Gärtners ist nicht der ewige Sonnenschein, sondern das Wetter, das die Pflanzenwelt in unserer Klimazone benötigt, um möglichst optimale Wachstumsbedingungen zu haben. Gutes Wetter heißt für den Gärtner eben nicht nur Sonne, sondern auch Regen zur rechten Zeit. Der Gärtner kennt alle Wetterextreme, die der Pflanzenwelt zu schaffen machen. So sind zu hohe Temperaturen im Sommer ebenso schädlich wie zu tiefe im Winter. Starkregen und Stürme können Schäden verursachen, die den Gartenbesitzer vor erhebliche Probleme stellen. Wir haben in England Ende der 1980er Jahre Parkanlagen besucht, in denen ein Winterorkan drei Jahre zuvor viele alte Bäume umgeweht hatte. Diese Bäume waren bis zu 200 Jahre alt gewesen, und nun fehlten sie an markanten Stellen des Parks. Teilweise sahen wir noch die abgesägten Baumstümpfe.

Ein solcher Schaden kann erst in 100 bis 150 Jahren behoben werden, denn so lange brauchen die neu gepflanzten Bäume, um die entstandenen Lücken zu füllen. Wir freuen uns, dass unser noch junger Baumbestand nach 20 Jahren jetzt die Größe erreicht hat, die zu unserem Garten passt. Jeder durch Wetterextreme verursachte Schaden wirft uns um Jahre zurück.

Also wünscht sich der Gärtner zum neuen Jahr das Wetter, das zu unserer gemäßigten Klimazone gehört. Wenn zu Beginn des Jahres Schnee und Eis den Garten und die Teiche überziehen, lehnt sich der Gärtner beruhigt zurück und zündet das Kaminfeuer an. Tagsüber genießt er die Winterbilder und beobachtet die Vögel am Futterplatz, und abends liest er in den Büchern, die unter dem Weihnachtsbaum gelegen haben. Dazu ein schnurrender Kater an der Seite – so kann das Jahr beginnen. Wir Gärtner sind abhängig vom Wetter, ähnlich wie die Bauern. Die Neujahrswünsche für den Gärtner lauten also: „Gesundheit, Glück und – gutes Gartenwetter!"

Ohne Planung geht es nicht

Wenn mich der Winter ins Haus verbannt und keine Gartenarbeit möglich ist, ist die Zeit für Planung und Reflexion gekommen. Kein Garten kann ohne solche Phasen unterhalten werden, denn planen muss man nicht nur dann, wenn man beginnt, einen Gar-

ten anzulegen. Ein Garten verändert sich fortwährend: Bäume und Sträucher wachsen, einzelne Stauden haben sich ungebührlich weit ausgebreitet, andere sind eingegangen. Gepflanzte Rosen halten nicht das, was das schöne Bild im Katalog versprochen hat – oder die blühend gekaufte Rose im Topf war zu stark gedüngt und kommt daher mit der vorgefundenen Gartenerde nicht zurecht. Ein Garten ist eine Ansammlung lebendiger Organismen, die alle völlig unterschiedliche Ansprüche stellen und auch völlig unterschiedlich wachsen. Das alles habe ich – als Besitzer des Gartens – während des vergangenen Jahres kritisch beobachtet, konnte aber oft nicht direkt eingreifen, weil der bereits angerichtete Schaden in diesen Fällen nur noch größer geworden wäre. Wenn ich im Sommer sehe, dass sich einzelne Äste unserer großen Eiche über die schöne Magnolie legen, kann ich den notwendigen Baumschnitt dennoch erst im Winter vornehmen, wenn die Unterpflanzung Zeit hat, sich wieder von meinen Fußtritten zu erholen. Bei stärkeren Ästen bestelle ich einen Fachmann, der dann auch noch eine Hebebühne aufbaut und mit dem gemeinsam ich versuche, mögliche Schäden durch die herabfallenden abgesägten Äste weitgehend zu verhindern. Also müssen solche Aktionen langfristig geplant werden.

Aber auch im Kleinen ist Planung gefragt. Welche einjährigen Sommerblumen sollen im nächsten Sommer die Ränder des Gemüsegartens mit einem Blumenflor schmücken? Da muss man sich eine Art Dramaturgie überlegen: Sommerrittersporn für den Mai und Juni, Zinnien für den Hochsommer und Astern für den Herbst. Gut. Kann ich denn auch noch Bechermalven aussäen, oder werde ich keine Zeit haben, wenn sie ausgepflanzt werden müssen, weil dann schon Erntezeit ist? Mit solchen und vielen anderen Überlegungen beschäftige ich mich im Januar. Dabei greife ich auch auf die Notizen zurück, die ich mir im vergangenen Jahr gemacht habe.

Wenn man heute im Frühling oder Sommer durch ein großes Gartencenter geht, entsteht dagegen ein völlig anderer Eindruck – Gartenbesitzer können kaufen, was ihnen gerade ins Auge fällt, preiswert ist und ihnen zusagt. Kurz, alles, was das Herz begehrt, ist greifbar und kann in den Einkaufswagen gepackt werden. Nur: Wird es im heimischen Garten überhaupt wachsen oder eher dahinvegetieren?

Denn hier ist Vorsicht geboten. Um die Kunden zu einem schnellen Einkauf zu verführen, sind viele Stauden in hochgedüngten Substraten zu üppiger Blüte getrieben worden, und beim Auspflanzen in die jeweilige Gartenerde haben sie kaum eine Chance, weiter zu wachsen. Wenn die Düngung in dem Substratballen aufgebraucht ist, fallen diese Pflanzen in sich zusammen – sie sind wie Junkies, denen der Stoff ausgegangen ist. Das Gleiche gilt leider auch für Rosen. Nur wenn sie in einem besonderen, für sie geeigneten Substrat in Töpfen herangezogen werden, haben sie eine kleine Chance, und meist zeigt sich im dritten Jahr, ob diese Rosen wirklich angewachsen sind. Sicherer ist es, wurzelnackte Rosen im Herbst oder im Winter zu pflanzen, denn diese Rosen können dann schon im dritten Jahr kräftig entwickelte Rosenstöcke sein. Aber um wurzelnackte Rosen zu kaufen, muss man sich rechtzeitig informieren und gezielt einkaufen.

Frühlingsbote: Krokus

Eigentlich ist das beruhigend: Die Pflanzenwelt widersetzt sich in weiten Bereichen der menschlichen Tendenz zum schnellen Konsum, und die Pflege eines Gartens verlangt nachhaltiges Denken. Und es ist tröstlich, an grauen Wintertagen die Planung des Gartenjahres durchzugehen – und viele schöne Gartenbilder im Kopf entstehen zu lassen.

Die Qual der Wahl

Desiree oder Cayenne? Nicola oder Isabel? Ob es nun Anuschka oder Salome oder vielleicht doch Annabelle sein soll? Ist Leyla besser als Isabel? Zur Auswahl stehen noch Belinda, Ditta, Elfe und weitere 104 Sorten. Spätestens jetzt wird klar sein, dass ich nicht auf Kontaktanzeigenseiten unterwegs war. Nein, es sind Kartoffelsorten, die diese verführerischen Namen tragen – und ich kann maximal nur drei Sorten pflanzen! Vor mir liegt der Katalog für die Saatgutbestellung. Es schneit, der Garten ist weiß und dic Temperaturen sind so, wie sie im Januar sein sollen, also knackig kalt. Die Gartenarbeit verlagert sich nach drinnen, die Planung des Gemüsegartens steht an, und dabei sind fortlaufend Entscheidungen nötig – schließlich wollen wir mit selbstgezogenem Gemüse weitgehend unseren Bedarf bestreiten. Eigenes Gemüse anzubauen ist allerdings nicht so leicht, wie die meisten Ratgeber und Zeitschriften suggerieren – die nötigen

Kenntnisse und die erforderliche Disziplin werden nämlich meist nicht erwähnt.
Früher waren Nutzgärten durch Blumenbeete an den Rändern strukturiert und von Hecken eingefasst; ihre Gestaltung allerdings variierte. Bei einer Tante z. B. hatten alle Gehölze „in Reih und Glied" zu stehen und waren, ob immergrün oder nicht, kugelförmig beschnitten. Einige wenige Dahlien litten stumm vor sich hin, wie in ein Korsett geschnürt, und alles war bestimmt von der Angst vor zu üppigem Wachstum. Das Gegenstück war der Garten des Patenonkels: Dort wuchs das Gemüse in Reihen, aber am Rande leuchteten üppige Blumenbeete. Der Garten war wild, fröhlich und bunt und strahlte Lebensfreude aus.

Eine glanzvolle Note

Mich fasziniert das Winterbild von Bäumen und Gehölzen. Im Sommer nehme ich viele Bäume mit ihrem Laub nur insgesamt als „grüne Kulisse" wahr. Im Winter aber gibt es unter den unbelaubten Bäumen und Sträuchern ausgeprägte „Charaktere", dazu gehören ganz besonders die Eichen. Die mächtige Krone einer alten Eiche ist ein eindrucksvolles Bild. In unserer Straße steht eine Gruppe von vier alten Eichen, die im Laufe ihres Wachstums zu einem Gesamtbild geworden sind. Im Sommer heben sie sich kaum von den Bäumen der Umgebung ab. Aber diese vier Bäume bieten im Winter ein Bild, das ich als „Naturgrafik" bezeichne. Die dunklen Strukturen der Äste heben sich vor blauem Himmel besonders gut ab. Die Eiche in unserem Garten ist erst 20 Jahre alt und bereits ein großer Baum geworden.

Aber bei einer Eiche sind 20 Jahre noch späte Kindheit, und entsprechend entwicklungsfähig sieht ihre Krone aus. Ganz anders bei unserer 50-jährigen Robinie (*Robinia pseudoacacia*): Sie ist

Mittlerweile 50 Jahre alt: die Robinie

Früchte des Taschentuchbaums

ein mächtiger Baum mit einer filigranen Krone, die im Vergleich zu den Eichen verspielter und leichter wirkt. Dazu hat sie einen zerfurchten Stamm – ein Naturkunstwerk.

Ein Winterbild besonderer Art bietet unser Taschentuchbaum (*Davidia involucrata*). Im Mai ist dieser aus China stammende Baum aufgrund seiner weißen, an Taschentücher erinnernden Blütenblätter ein besonderer Anblick. Im Winter hängen seine kugeligrunden Früchte wie Notenzeichen im kahlen Geäst. Diese Früchte bleiben lange hart, aber ab Mitte Januar wird die äußere Schicht weich und ist besonders bei Fasanen beliebt. Wir können vom Esstisch aus beobachten, wie sich bis zu fünf Fasane durch die Baumkrone hangeln, um an die Früchte heranzukommen.

Unter den Sträuchern fällt im Winter besonders der Blumenhartriegel (*Cornus kousa*) auf. Er hat einen trichterförmigen Wuchs, und die Äste enden in vielen Verzweigungen, in denen kleine, dicke Knospen sitzen. Wieder eine charakteristische Struktur, wie sie kein anderes Gehölz besitzt. Nur in unserer Klimazone gibt es durch den Wechsel der Jahreszeiten so viele unterschiedliche Bilder bei den Gehölzen. Für uns Garten- und Naturliebhaber sind die Wintermonate nicht einfach nur langweilig und grau, sondern wir sehen mit geschärften Augen die Feinheiten, die uns die Pflanzenwelt bietet.

Winterblüten

„Es wird durchgeblüht" ist der Titel eines Buches von Karl Foerster, dem berühmten Staudenzüchter und Gartenbuchautor aus der ersten Hälfte des 20. Jahrhunderts. Dieses Buch hat mich vor vielen Jahren beeindruckt und der Titel wurde bei uns Programm. Es sollte an jedem Tag des Jahres etwas in unserem Garten blühen – und dieses Ziel haben wir erreicht. Erstaunlich ist, dass es eine ganze Reihe von Pflanzen gibt, die in den kurzen und dunklen Tagen ihre Blütezeit haben. Wie eine große rosa Wolke hängt ab

Rosafarbene Leichtigkeit: der Winterschneeball

Dezember der drei Meter hohe Winterschneeball (*Viburnum* x *bodnantense*) über dem grauen Garten. Bei zu starkem Frost erfrieren zwar die Blüten, aber sobald es wieder mild wird, öffnen sich neue Knospen, und bald schon hängt die rosa Wolke wieder über dem Gelände. Außerdem haben die Blüten einen besonders starken Duft, was darauf schließen lässt, dass der Schneeball für Insekten ein Nahrungsangebot bietet. Etwas später, ab Mitte Januar, blüht die Zaubernuss (*Hamamelis*) auf. Besondere Wirkung erzielen ihre gelben Blüten bei Schnee, denn sie leuchten sogar bei verhangenem Himmel. Der Winterjasmin (*Jasminum nudiflorum*) ist ein weiterer gelbblühender Strauch, und auch die Heckenkirsche (*Lonicera purpusii*) blüht mit kleinen, ebenfalls duftenden Blüten im Winter.

Die große Familie der Christ- und Lenzrosen ist ebenfalls auf den Winter programmiert. Die Christrose (*Helleborus niger*) entfaltet ihre weißen Blüten im Dezember/Januar, ihre farblich vielfältigeren Verwandten sind die Lenzrosen (*Helleborus orientalis*), die ab Februar eine wochenlange Blütezeit haben. Über all diese Blüten freue ich mich uneingeschränkt, denn sie halten sich an ihre Termine. Wenn aber, wie in den letzten Jahren, im Januar zur Unzeit noch Sommerblumen im Garten zu finden sind, bin ich besorgt. Im Januar 2014 sehe ich blühende Rosen und Ringelblumen – und im Straßengraben leuchtet sogar schon ein gelber *Löwenzahn*! Das sehe ich gar nicht gern, denn die Befürchtung, dass doch noch eine Kälteperiode kommt und die schon zu weit entwickelten Pflanzen erheblich schädigt, ist berechtigt – das mussten wir besonders schmerzlich im Februar 2012 erfahren. Nach milden Januartagen kam ein später Wintereinbruch, der großen Schaden anrichtete.

Gelbes Leuchten: die Zaubernuss

Winterschönheit: die Christrose

Februar

Wenn das Kalenderblatt den Monat Februar anzeigt, überläuft den Gärtner ein erstes ungeduldiges, ahnungsvolles Kribbeln, denn der Februar ist seine Adventszeit. Der Frühling wird kommen – das ist mal sicher. Aber: Wird er kommen, wie es sich gehört? Mit frostfreien, sonnigen Tagen ab der Monatsmitte? „Het Voorjahr" nennen die gartenbegeisterten Niederländer eine solche Zeit, in der ein zaghaftes Blühen von frühen Krokussen und Lenzrosen die Vorfreude steigert. Oder wird der Weg des Frühlings eher einer Springprozession gleichen, bei der der Winter immer wieder seine noch ungebrochene Stärke demonstriert? Im Februar 2012 jedenfalls schwanden im Würgegriff eisiger Kälte erst einmal alle Frühlingsgefühle, und 14 Tage Dauerfrost mit Temperaturen von bis zu -17° C zogen eine breite Spur der Verwüstung durch den Garten, deren Folgen noch ein Jahr später zu sehen und zu spüren waren. Aber was heißt das schon? Mit dem Wetter kann man nicht streiten – und ein Gärtner ist grundsätzlich optimistisch.

Sturm und Drang

Ein zentrales Thema des Hobby-Gärtners ist – wie schon erwähnt – seine Abhängigkeit von der Wetterlage. Der Techniker kennt das nicht, denn Abhängigkeiten anzuerkennen, liegt ihm fern. Prinzipiell scheint alles beherrschbar und machbar zu sein – es ist nur eine Frage des Kenntnisstandes oder des Geldes. Der Gärtner hat eine völlig andere Perspektive – er ist von der Natur abhängig, und eben auch vom Wetter. Dafür kennt er ganz viele Arten davon, denn er unterscheidet nicht nur zwischen schlechtem und gutem Wetter.

Es gibt nicht nur *Regen*. Es gibt den harten, kalten Regen, der in der Wachstumsphase der Pflanzen Pilzerkrankungen hervorrufen kann. Es gibt den feinen Sprühregen, der das Wachstum fördert, ebenso wie den fruchtbaren Regen im Mai. Im Winter ist eine leichte Schneedecke, die den Pflanzen Schutz vor einem – idealerweise – mäßigen Frost bietet, besonders gut. Aber der Winter kann natürlich auch ganz andere Saiten aufziehen. „Gu-

tes Wetter“ hat ebenfalls viele Nuancen. Die Palette reicht von Sonnenlicht, das zum Wachsen anregt, bis zu den schrecklichen „brennenden“ Tagen, bei denen in Verbindung mit hoher Lufttrockenheit Rosenblüten oder halbreife Johannisbeeren am Strauch innerhalb von Stunden geradezu verglühen und verkochen. Der aufmerksame Gärtner ist der Natur also zwangsläufig sehr nah. Das teilt er mit Völkern, die in Extremsituationen leben. So kennen die Eskimos Dutzende verschiedener Bezeichnungen für Schnee.

Aber es hat sich etwas geändert: Gemeint sind nicht die normalen Wintertage mit einer leichten Schneedecke, die den Pflanzen Schutz vor mäßigem Frost bietet. Mir ist noch gut in Erinnerung, dass sich am ersten Weihnachtstag 2012 ein prächtiger Regenbogen über dem wunderbaren graublauen Niederrheinhimmel spannte – und dass es donnerte! Ein Gewitter am ersten Weihnachtstag. Ein solches Naturschauspiel will ich zu Weihnachten nicht haben. Da wird mir unbehaglich, weil so viele Wetterlagen der letzten Jahre untypisch für unsere Klimazone sind. In erster Linie meine ich die großen Temperaturschwankungen, die manchmal 14 °C innerhalb von 24 Stunden betragen. Darauf ist die Pflanzenwelt unserer Region nicht eingestellt. Auch die starken Niederschläge, die den Boden zukleistern und die Pflanzen niederdrücken, gehören zu den neuen Wetterextremen. Werden wir mit dieser Entwicklung leben müssen?

Jetzt wird geblüht

Unter den Frühlingsboten unseres Gartens haben die Schneeglöckchen eine besondere Stellung. Die anderen Frühblüher, wie Winterlinge, Zwiebeliris (*Iris reticulata*) und der zarte Elfenkro-

Elfenkrokusse – mit ihnen kehren die Farben in den Garten zurück.

kus (*Crocus tommasinianus*) sind schön und gehören zum Vorfrühling, aber sie haben nicht den Charme des Schneeglöckchens. Der Zauber der Schneeglöckchen, die sich im Laufe der Jahre über unseren ganzen Garten ausgebreitet haben, besteht in ihrer Schlichtheit. Das kleine weiße Glöckchen schaukelt leicht im frischen Wind, verkündet beharrlich das Nahen des Frühlings und hält auch noch stand, wenn ein unzeitiger Wintereinbruch der Natur einen Rückschlag versetzt. Als im Frühjahr 2013 nach einem furiosen Frühlingsauftakt Anfang März der Winter für drei Wo-

Es brauchte Jahre, bis sich die Schneeglöckchen ausbreiteten.

Das einfache Schneeglöckchen ist bei uns besonders beliebt.

chen mit Eis und Schnee zurückkehrte und Natur und Gärtner erstarren ließ, wurden die Schneeglöckchen zu Dauerblühern. Über Wochen hinweg veränderte sich ihr Zustand kaum, und trotzig hielten sie diesem unzeitigen Spätwinter, der bis in den April anhielt, stand. Es ist immer ein besonderer Augenblick im Vorfrühling, wenn ich die ersten Schneeglöckchen für eine kleine Vase pflücken kann. Im Haus verbreiten sie dann auch noch einen zarten Duft.

Nun sind sie in den letzten Jahren zu einer Modepflanze in den Kreisen der Gartenliebhaber geworden. Es gibt eine Fülle von Neuzüchtungen, und die Unterschiede zwischen den verschiedenen Sorten sind oft nur mit der Lupe zu erkennen. Es sind Nuancen in den Zeichnungen der kleinen Kelche im Innern der Blüte oder in den Streifen auf den äußeren Blütenblättern. Sogar die Farbe Gelb ist in einige Sorten eingekreuzt worden.

Die Winterlinge gehören ebenfalls zu den Frühlingsboten unseres Gartens.

Ich stehe etwas abseits von so viel Schneeglöckchen-Enthusiasmus und schmunzle, wenn ich sehe, wie 1,90-Meter-Leute auf die Knie gehen, sich sogar mit den Ellbogen aufstützen, um Schneeglöckchenblüten ganz aus der Nähe zu betrachten. Wenn dann noch bis zu 50 Euro (und manchmal noch mehr) für ein einzelnes Schneeglöckchen gezahlt werden, muss ich doch den Kopf schütteln.

Auch die ersten Märzenbecher und Winterlinge wagen sich hervor. Die zarten, blassblauen bis violetten Kelche der Elfenkrokusse schießen bei Sonnenschein geradezu aus dem Boden. Sie haben sich erheblich vermehrt, und meine Sorge, die Wühlmäuse könnten sie weggefressen haben, war unbegründet. Wenn nur die Fasane nicht wären. Die finden die Blüten des Elfenkrokus nämlich ausgesprochen schmackhaft. Es sieht zwar prächtig aus, wenn vier bis fünf Fasanenhähne, die einen an Karnevalsprinzen denken lassen, mit ihrem glänzenden Gefieder durch den Garten stolzieren, aber sie picken die Krokusblüten ab und scharren eifrig Tulpenzwiebeln aus der Erde – da stößt auch ein tierlieber Gärtner schnell an seine Grenzen.

Winterblüte

Eine gelungene Neuzüchtung unter den Lenzrosen: 'Pink Frost'

Die vier Wochen zwischen Mitte Januar und Mitte Februar sind – gefühlt – die längsten Wochen für den Hobbygärtner. Wenn der Garten mit einer Schneedecke zugedeckt ist, wirkt das beruhigend auf mich; es ist eben Winter und der Garten ist ruhiggestellt, der Gärtner auch. Aber wenn, wie am Niederrhein sehr häufig, im schneefreien Garten die Pflanzenwelt mit einer ersten Blüte Frühlingsgefühle weckt, überträgt sich das auch auf mich.

Zu den robusten Winterblühern gehören die Lenzrosen (*Helleborus orientalis*). Das sind die nächsten Verwandten der weißen Christrose (*Helleborus niger*), die schon im Dezember blüht. Die

Lenzrosen gehören zu den Stauden mit der längsten Blütezeit. In einem milden Winter zeigen sich schon im Dezember die ersten Blüten, normalerweise aber beginnt die Blüte Ende Januar. Die Palette der Blütenfarben beginnt bei Weiß mit verschiedenen Zeichnungen und endet bei Dunkel- bis fast Schwarzviolett. Sogar ein gedecktes Gelb ist in der Farbpalette vorhanden.
Vor etwa 15 Jahren waren sie ausgesprochene Modepflanzen, und die Gärtnerei „Hessenhof" bei Ede (Niederlande) veranstaltete Ende Februar *Helleborus*-Tage, zu denen Tausende Besucher aus Belgien, den Niederlanden und einige aus Deutschland kamen. Dort bestaunten wir die Vielfalt der Blütenzeichnungen und vor allem die Üppigkeit der Mutterpflanzen. Wir trugen Jungpflanzen nach Hause, für die wir nicht selten 30 oder 40 Gulden pro Stück bezahlt hatten, und die uns auch deshalb schon kostbar waren. Im

Laufe der Jahre stellten wir fest, dass sie sich gut versamen und die Sämlinge viele neue Blütenzeichnungen hervorbringen. Sie sind Frostkeimer, was bedeutet, dass sie nun meist sehr zahlreich mit dicken Keimblättern aus der Erde kommen. Wer sie nicht kennt, könnte sie für Unkraut halten. Wir kultivieren einige Sämlinge und haben in der Regel schon im dritten Jahr eine erste Blüte. Dann wird bestimmt, welche davon dauerhaft einen Platz in unserem Garten erhalten. Die meisten *Helleborus* stehen auf einer Böschung unter Wild- und Strauchrosen und fallen im Sommer überhaupt nicht auf.

Zur Pflege dieser Stauden gehört, dass zu Beginn der Blütezeit die großen Blätter entfernt werden, und dass sie Ende März, wenn die Blütezeit vorbei ist, eine großzügige Düngergabe erhalten, denn sie gehören zu den hungrigsten Stauden überhaupt. Ein älteres Exemplar kann dann ohne Weiteres 20 bis 30 Blütenstiele hervorbringen. Frost und Schnee lassen die Stiele zwar schlaff werden, sodass sie platt auf der Erde liegen. Meist aber richten sie sich wieder auf, wenn die Temperaturen steigen.

Aber es blüht uns noch viel mehr: Der Winterschneeball (*Viburnum* x *bodnantense*) bildet immer noch eine zartrosa Wolke und wird ergänzt von der Zaubernuss (*Hamamelis*), einem drei Meter hohen Strauch, der voller kleiner, gelber Blüten sitzt. Und bei der *Lonicera purpusii*, der Heckenkirsche, einem ebenfalls im Spätwinter blühenden Strauch, sind es zarte, weiße Blüten. Unser Winter ist bunt!

Aus Alt mach Neu

Unsere Gartenleuchten stammen aus Dresden. Die schlichten Glaszylinder taten ursprünglich Dienst in alten Webstühlen zur Herstellung von Damenstrümpfen; das feine Garn wurde in die Zylinder gesteckt und von dort abgespult. Diese veraltete Technik hat wohl in der ehemaligen DDR noch lange überlebt, und der Händler hatte diese Zylinder von der stillgelegten Firma erworben und auf anderthalb Meter hohe, dünne Stangen aus elastischem Stahl

Glaszylinder aus einer Strumpfweberei wurden zu Gartenleuchten.

gesetzt. Die Leuchten bieten jetzt ein schönes Bild, wenn sich die brennenden Kerzen in den Glaskörpern leicht im Wind hin und her bewegen. Allerdings sind es „Schön-Wetter-Leuchten", weil sie keine Abdeckung haben.

Immer wieder ist es uns in den vergangenen Jahrzehnten gelungen, an den verschiedensten Orten Materialien zu entdecken, mit denen wir unseren Garten weiter ausgestalten konnten. Dazu gehören auch alte Handmühlen aus Stein. Wie schon aus der Bibel und der Römerzeit bekannt, hatten damals viele Haushalte eigene Mühlen zum Mahlen des Brotgetreides. Sie bestehen aus zwei Teilen: einer runden Unterseite, einem ebenso großen Deckel mit einem Einfüllstutzen in der Mitte und daneben einem kleinen Loch, in das ein Stock gesteckt wird, um den oberen Stein zu drehen.

Handarbeit – Deckel alter Getreidemühlen als Wandschmuck

Solche Mühlen kannte ich aus Museen und war ganz erstaunt, vor etwa 15 Jahren bei einem Trödler einen ganzen Posten dieser zweiteiligen Handmühlen zu entdecken. Auf Rückfrage erklärte er, dass sie aus Asien stammten und ihr Alter unbekannt wäre. Da niemand etwas damit anfangen konnte, waren sie für ihn so gut wie unverkäuflich, und er bot sie für wenig Geld an. Uns haben alte Steinmaterialien schon immer interessiert, weil sie von Hand geschaffen wurden und daher eine Ausstrahlung haben, die kein maschinell bearbeiteter Stein haben kann. In den Spuren der Handarbeit ist noch immer etwas von der Energie und dem Geschick des Handwerkers zu spüren, der den harten Stein mit einfachsten Werkzeugen bearbeitet hat.

Schneiden für den Erfolg – oder: Die Schere als Gartengerät

Bevor ich mit Spaten und Hacke in den Garten gehe, greife ich zu Schere, Sägen aller Art und sogar zur Axt. Denn der Februar ist der beste Monat für den Gehölzschnitt. In unserem 4.000 Quadratmeter großen Garten stehen viele Bäume und Sträucher, sodass ich meist schon im Januar beginne, denn ab März sind dann noch rund 150 Rosen in Form zu bringen. Wenn der Januar erst zu nass und dann zu kalt war, kann es passieren, dass plötzlich die Zeit drängt. Also, ran an die Säge und ab in die Bäume!

Der Obstbaumschnitt ist eine Wissenschaft für sich, von der ich nicht sagen kann, dass ich sie perfekt beherrsche. Das können andere besser. Aber mit dem Ergebnis meiner Schneidearbeiten können wir gut leben: Die letzten Äpfel der Sorte 'Bellefleur' aus der reichen Herbsternte haben wir auf den Kompost geben müssen, weil sie Ende Januar ihr Aroma verloren hatten. Auch die Birnen- und Pflaumenernte fiel überreichlich aus. Aber ich stelle fest, dass mir das Schneiden von Birnen- und Pflaumenbäumen besser gelingt als das Schneiden von Apfelbäumen. Nur ein Apfelbaum zeigt sich zu meiner Zufriedenheit; bei den anderen bin ich immer froh, wenn die Blüten und das Laub austreiben und meine Schneidearbeiten verdecken.

Auch die Rosen warten auf ihren Schnitt.

Unbedingt in Form gebracht werden muss jetzt unser weißer Blauregen (*Wisteria floribunda* 'Alba') am kleinen Giebel. Das Gewirr der meterlangen Austriebe stört nicht nur das Bild, sondern würde auch dem Blütenansatz die Kraft nehmen. Also auf die Leiter und die Triebe auf 10 bis 15 Zentimeter Länge einkürzen. Ich bin mittlerweile erfahren genug, um erkennen zu können, welche Augen dann die bis zu 50 Zentimeter langen Blütentrauben entwickeln, die im Mai den Innenhof in ein weißes Blütenmeer verwandeln. Jetzt müssen auch die spätblühenden *Clematis* zurückgeschnitten werden. Das gilt aber nur für die kleinblütigen Sorten! Die großblütigen sollten nur etwas in Form gebracht werden. Aber die *Clematis* sind kapriziös und sowieso ein Thema für sich, zu dem ich mich später noch äußern werde.
Die überwiegende Mehrzahl der Blütensträucher sollte nach der Blüte, also im Sommer, geschnitten werden, denn Magnolien, Flieder, Forsythien und Rhododendren setzen bereits im August und September die Knospen für das kommende Jahr an. Würde ich

diese Sträucher jetzt schneiden, ginge ein Teil der Blüte verloren. Ich empfinde es immer als barbarisch, wenn ich Sträucher sehe, die jetzt einen radikalen Rückschnitt erhalten haben, damit sie „ordentlich“ aussehen. Kein Wunder, wenn daraus nur grünes Gestrüpp wird.

Die Rosen dagegen brauchen im Frühjahr einen kräftigen Schnitt – aber das gilt auch nicht für alle Sorten: Strauchrosen der 'Alba'-Familie sind ebenfalls im August, spätestens im September zu schneiden – nach einem Frühjahrsschnitt könnten sie nicht blühen! Dabei ist der Schnitt der Strauchrosen keine schwierige Angelegenheit, denn man kann so ihre Höhe und Form bestimmen. Eine meiner Lieblingsrosen ist die Sorte 'Marguerite Hilling'; sie darf an ihrem Standort bis zu zwei Meter hoch werden. Deshalb nehme ich immer nur ein bis zwei alte Stämme heraus, um sie zu verjüngen, denn Schneiden heißt auch Wachstum fördern! Ansonsten werden nur die etwas zu sparrigen Triebe eingekürzt. So erfreut sie uns jedes Jahr ab Mitte Mai mit einer Überfülle an rosafarbenen Schalenblüten.

März

Das Wort „März“ lässt sich der Gärtner auf der Zunge zergehen. Es ist so weit: milde Tage mit Sonne und jubilierende Amseln auf dem Dachfirst am Abend – hoffentlich. Der Spaten wird aus dem Gartenhaus geholt und die Muskeln und Gelenke werden langsam wieder geschmeidiger. Aber wehe, wenn der März diese Erwartungen nicht erfüllt. Wehe, wenn er etwa Pflanzen, Vögel und Menschen täuscht, so wie im März 2013, als einer strahlenden Frühlingswoche ein dreiwöchiger Winterrückfall heftigster Art folgte. Der Gärtner will jetzt den Schnee in der Sonne schmelzen sehen, und jede Schneeflocke, die es im März noch wagt zu fallen, ist ein doppeltes Ärgernis – dann erleiden die Pflanzen Schäden am Blattwerk, und die Seele des Gärtners leidet auch.

Mit dem Spaten in den Garten

Meine Frühlingsgefühle werden seit der Kindheit vom Umgraben und Einsäen bestimmt. Jetzt zieht es mich in den Gemüsegarten, um mit dem Spaten die Grundvoraussetzung für ein neues Gemüsejahr zu schaffen. Furche um Furche verschwinden die Unkräuter, die sich im Laufe des Herbstes und des Winters angesiedelt haben. Lockeres, krümeliges Erdreich kommt nach oben und wartet auf die Einsaat. Dann greife ich zu einem ganz besonderen Spaten – er ist ganz aus Edelstahl und weist mit seinem Firmenlogo „Sheffield pride" auf seine Herkunft aus Europas großer Gartennation hin. Als wir noch am Anfang unserer Gartenanlage standen, mussten wir viel Rodungsarbeit leisten – und meist wurden jedes Frühjahr zwei hölzerne Spatenstiele Opfer unseres Tatendrangs. Dieser englische Spaten jedoch hielt alle gärtnerischen Kraftakte aus. Aber auch er ist in die Jahre gekommen: Ein kleiner Riss im Verbindungsteil zwischen Schaft und Stiel macht mir Sorgen, und so setze ich ihn nur noch zum Umgraben im Gemüsegarten ein. An diesem Spaten stimmt alles: ein nicht zu leichtes Blatt, dessen Maße ebenso ideal sind wie der Stiel, der mit seiner Länge zu meiner durchschnittlichen Körpergröße passt. Er ist mein gärtnerischer Kultgegenstand geworden, mit dem ich die Gartensaison im Gemüsegarten eröffne.

Oft werde ich von Besuchern gefragt, ob sich denn die ganze Arbeit in unserem großen Gemüsegarten lohne. Dann mache ich zwei Rechnungen auf: Wenn ich die Arbeit negativ bewerte und die Preise für Gemüse im Supermarkt sehe, dann natürlich nicht. Aber wenn ich gern im Gemüsegarten arbeite, wenn ich Freude am langsamen Heranreifen der verschiedenen Gemüsesorten habe und Kochen und Essen liebe, dann lohnt es sich allemal.

Unsere Gartenanlage wäre ohne Gemüsegarten „steril“ – ein schöner Garten, wie es viele gibt. Aber durch den Gemüsegarten wird deutlich, dass bei uns Gartenkultur zu einem Lebensstil geworden ist. Hier geht es nicht nur um besondere Pflanzen, um schöne Farbkombinationen, sondern um „Lebens-Mittel“. Eine innigere und bewusstere Verbindung zur Natur, *von* der und *in* der wir leben, kann ich mir kaum denken.

Unerwünschte Besucher

Es gibt besonders unerwünschte Frühlingsboten, und zwar Stockenten, die auf einem der Teiche einfallen, auf der Suche nach einem Brutplatz, wie in jedem Frühling. Aber sie werden immer von uns verscheucht, denn Enten fressen einfach alles: Pflanzen, Froschlaich und Lurche. Stockenten sind, buchstäblich, besonders verstockt – es dauert immer einige Tage, bis sie kapiert haben, dass sie bei uns nicht willkommen sind. Aber manchmal sind

Die Entenscheuche wird mit Kater Bert dekorativer, aber nicht wirksamer.

sie genauso ausdauernd wie die Schneeglöckchen. Allen Vertreibungsversuchen begegnen sie mit List und Ausdauer, und einfaches Anschreien und Händeklatschen nehmen sie schon lange nicht mehr ernst. Nur im äußersten Notfall steigen sie auf, fliegen eine Runde und sind sofort wieder da. Auch das Wedeln mit einem weißen Küchentuch beeindruckt sie wenig. Manchmal fliegen sie auch in die benachbarte Wiese und „schleichen" sich geduckt wieder zurück. Allerdings: Sie sind zwar gut getarnt, aber sie können nicht den Schnabel halten. Ein sanftes Schnattern verrät sie – und wir müssen wieder schreien, in die Hände klatschen oder mit dem Handtuch wedeln. Auch eine Installation namens „Entenscheuche" aus einer Treppenleiter, einem hellen Morgenmantel, Staubfeger, Bambusstab und Taschenlampe mit eingeschaltetem Alarmlicht half lediglich einen Tag lang. Uns bleibt nur, der Ausdauer dieser Invasoren unsere eigene entgegenzustellen. Und wir werden gewinnen! Spätestens, wenn wir unseren roten Kater zum Entenverscheuchen mitnehmen, kapieren sie, dass es wirklich keine gute Idee ist, bei uns wohnen zu wollen.

Wenn Mist nicht nur stinkt …

In unserer Gartenanlage befindet sich auch ein ca. 400 Quadratmeter großer Gemüsegarten. Wir bezeichnen ihn gerne als „Bauch" unserer Anlage und ziehen dort fast alles Gemüse für unseren Bedarf. Die Kartoffelernte reicht meist für ein halbes Jahr. Zur Vorbereitung des Gemüsegartens im Frühjahr gehört die Düngung, und die ist schlichtweg Mist – Kuhmist. Jetzt mag mancher die Nase rümpfen, aber ohne Düngung geht gar nichts. Unser Boden in Schneppenbaum ist sandig und mager. Das Gebiet gehörte bis vor 200 Jahren zur „Gocher Heide" und war nur dünn besiedelt. Erst die Pfälzer Asylanten begannen ab Mitte des 18. Jahrhunderts, Acker- und Weideland zu schaffen. Und so ist diesem in der vorletzten Eiszeit entstandenen Boden nur durch kräftige Düngung ein Ertrag abzuzwingen.

Die Grunddüngung findet bei uns alle zwei Jahre statt. Vor 20 Jahren war es kein Problem, ordentlichen Kuhmist zu bekommen, aber heute gibt es keine kleinen Ställe mehr; die industrielle Landwirtschaft kennt nur noch Gülle. Und die stinkt widerlich, insbesondere, wenn Tanklastwagen aus den Niederlanden in großem Stil Gülle an die Bauern der Umgebung liefern; der Gestank ist so erbärmlich, dass man sofort alle Fenster schließen muss. Aber glücklicherweise gibt es in unserer Nähe noch einen Stall mit Muttertierhaltung. Als ich aber vor einem Monat die Lieferung absprechen wollte, machte der Bauer ein bedenkliches Gesicht. Er könne den Mist nicht guten Gewissens verkaufen, erklärte er mir. Er habe seine Wiesen gegen das Jakobskreuzkraut (*Senecio jacobaea*), auch Greiskraut genannt, gespritzt. Von diesem Spritzmittel seien Rückstände schon im vergangenen Jahr im Mist gewesen, die in einem Gemüsegarten bereits Folgen gehabt hätten. Ich war ziemlich perplex. Vom Jakobskreuzkraut hatte ich schon gehört. Es gehört zu den neuen Unkräutern, die sich in der Landschaft ausbreiten; für Pferde ist es tödlich, auch in getrocknetem Zustand im Heu. Die Nahrungskette in der Natur war mir bisher bekannt,

jetzt sehe ich eine „Giftkette“ auf uns Menschen zukommen: Gegen neue, giftige Unkräuter wird starkes Gift als Spritzmittel eingesetzt, dessen Rückstände im Mist zu finden sind, der dann den Boden im Gemüsegarten vergiftet. Aber ich habe einen Betrieb gefunden, bei dem ich mit ziemlicher Sicherheit den Kuhmist ohne gefährliche Rückstände erhalten kann. Nun bin ich dabei, den Mist in den Gemüsegarten zu fahren. Mich fröstelt es dabei etwas – und das liegt nicht nur an den niedrigen Temperaturen.

Bärlauch in aller Munde

Wer im Frühling durch eines der zahlreichen Lifestyle-Magazine blättert, findet mit Sicherheit ein Bärlauch-Rezept: Bärlauch-Pesto, Bärlauch-Öl, Bärlauch-Suppen, Bärlauch-Quiche. Sogar beim Metzger gibt es Wurst mit Bärlauch. Seit vier bis fünf Jahren erleben wir einen regelrechten Bärlauch-Boom. Auf Märkten und in Gartencentern werden Bärlauchpflanzen in Töpfchen angeboten, und Bärlauch ist zum Frühlingskraut schlechthin geworden.

Sehr schmackhaft: Bärlauch

Das war nicht immer so. Als wir Mitte der 1980er Jahre mit den ersten Bereichen unserer Gartenanlage begannen, hielten wir überall Ausschau nach Pflanzen, die wir nicht kannten –und unsere Kenntnisse waren sehr übersichtlich. Eines Tages stießen wir in Warburg auf einen Apothekergarten, der über und über mit kleinen weißen Blütendolden bedeckt war. Dazu lag ein milder Knoblauchduft in der Luft. Dieser Eindruck ließ uns nicht mehr los – zudem waren wir in der ersten Phase des Gartenanlegens und wollten möglichst „alles" haben. Damals war das Angebot an Pflanzen in Deutschland allerdings noch sehr begrenzt, und Eisbegonien, Tagetes und Fleißige Lieschen galten als Grundstock für einen Garten. Aber wir hatten im wahrsten Sinne des Wortes Witterung aufgenommen und wollten wissen, was wir da gesehen und gerochen hatten – und es natürlich auch haben. Aber in den uns zur Verfügung stehenden Büchern fanden wir nichts, bis ein kräuter- und pilzkundiger Gartenfreund uns aufklärte. Er kannte Bärlauch (*Allium ursinum*) und wusste sogar, dass es eine Stelle am Niederrhein gab, wo diese Pflanze wild wächst. Und so kamen wir vor über 20 Jahren zu unserem ersten Bärlauch. An eine schattige Stelle gepflanzt, dauerte es mehr als fünf Jahre, bis der Bestand sich merklich vergrößerte. Ganz anders als bei dem „Trojaner", der sich zwischen den Knöllchen des Bärlauchs versteckt hatte: Giersch! Der nämlich entwickelte sich zu unserem Leidwesen deutlich schneller.

Mittlerweile explodiert der Bärlauch geradezu: Überall im Garten taucht er auf, verbreitet seinen milden Knoblauchduft und später, im Mai, einen Blütenteppich aus kleinen, weißen Dolden. Aber er verdrängt keine anderen Pflanzen, sondern ist als grüner

Bodendecker eine schöne Ergänzung zu den Blütenbüschen der Lenzrosen. Spätestens Anfang Juni verwelkt und verschwindet der Bärlauch wieder. Bis dahin sollte man seinen Vorrat an Bärlauch-Butter, -Öl und -Pesto angelegt haben.

Narzissen

Der Frühling beginnt in Gelb. Die Vorfrühlingsblüher sind in ihrer Farbigkeit zurückhaltend. Das zarte Violett der Elfenkrokusse, das Weiß der Schneeglöckchen und auch das Rosa und Dunkelrot der Lenzrosen ist verhalten gegenüber dem strahlenden Gelb der ersten Narzissen. Diese verkünden mit ihren Trompeten die Gewissheit, dass es jetzt Frühling wird. Die Narzissenzeit in unserem Garten dauert, je nach Witterungsverlauf, sechs bis acht Wochen. Die ersten Narzissen, Anfang März, sind eine zierliche Wildform (*Narcissus pseudonarcissus*). Sie besitzen die klassische Form der Osterglocken, sind aber nur 20 Zentimeter hoch und haben einen hellgelben äußeren Blütenkranz und eine kräftig gelbe Trompete. Ihnen folgen bei uns die dottergelben Narzissen der Sorte 'February Gold', die am Niederrhein „Märzgold“ heißen müssten – aber sie haben in England ihren Namen erhalten. Dort sorgt der Golfstrom

'Ice Follies'

für milderes Klima, und deshalb sind sie Februar-Blüher. Ihnen folgen verschiedene Sorten bis zur spätesten Narzisse, der Ende April blühenden „Dichternarzisse“ (*Narcissus poeticus*). Ihre Blüte ist ein weißer Stern mit einem kurzen, roten Trompetenansatz, und sie hat einen starken Duft. Leider liebt die Dichternarzisse unseren kalkarmen, sauren Sandboden nicht. Sie kommt von den kalkhaltigen Böden des Alpenraumes, daher vermehrt sie sich bei uns nicht, im Gegensatz zu den anderen Narzissensorten.

Außer den bereits genannten Sorten haben sich die gelbe Trompetennarzisse 'Carlton' und die weiße, großkronige Narzisse 'Ice Follies' in unserem Garten nachhaltig bewährt. Aber wir Gärt-

'Carlton'

ner helfen auch nach: Zunächst einmal respektieren wir, dass das Laub nach der Blüte auswachsen muss. Das kann bis zu sechs Wochen dauern! Denn nur über das Laub bekommt die Zwiebel die Kraft für ihre nächste Blüte. Wer also das Laub vor dem Welken abschneidet, verhindert den Blütenansatz für das kommende Jahr. Das Wachstum des Laubes fördern wir mit einer Düngung, die gegen Ende der Blütezeit aufgetragen wird. Ausdauer – eine heutzutage wenig trainierte Eigenschaft – brauchen wir, wenn die Blütenköpfe nach dem Abblühen abgeschnitten werden müssen. So geht die Kraft nicht in die Samenbildung und bleibt in der Zwiebel. Aber diese Arbeit machen wir nur, wenn die Sonne scheint und die Vögel singen.

April

Der April hat einen schlechten Ruf: Er gilt als launisch und unbeständig. „April macht, was er will", lautet eine Volksweisheit. Nicht so bei uns. Wir haben den April festgelegt, und zwar auf die Narzissenblüte. Da kann er sich gebärden, wie er will … die Narzissen blühen. Am schönsten an Tagen mit Sonne, blauem Himmel und weißen Wolken. Tausende Blüten in Gelb und Weiß sind es jedes Jahr. Die frühen Sorten haben schon den Märzlaunen widerstanden, und nun kommen noch die rosa und weißen Wolken der großen Magnolien dazu. Denen kann der April mit einer Frostnacht schon mal allen Glanz nehmen, nicht aber den Narzissen. Sie halten den April aus.

Frühlingsfeier – Magnolien!

Wenn die Narzissenblüte ihren Höhepunkt erreicht hat, beginnt die Magnolienblüte. Zum Auftakt öffnet sich die Magnolie 'Leonard Messel', eine rosa blühende Sorte. Sie steht auf der Böschung oberhalb der zentralen Narzissenfläche, und innerhalb von Stunden springen die Knospen auf. Es ist faszinierend, wenn an sonnigen, warmen Apriltagen plötzlich ein Hauch von Rosa in dem kahlen Gehölz zu sehen ist – und schon zwei Stunden später ganze Zweige Blüten tragen. Bleibt das Wetter gut, geht es am nächsten Tag in diesem Tempo weiter, und dann hängt der drei bis vier Meter hohe Strauch wie eine rosa Wolke über den Narzissen. Die nächste, fast genauso große Magnolie, die ihre Blüten öffnet, steht im Eingangsbereich; sie ist eine *Magnolia* x *soulangeana* und gehört zu den bekanntesten Magnolien. Ihre großen, tulpenähnlichen Blüten sind rosa-weiß.

Magnolia x *loebneri*, darunter *Amelanchier canadensis*

Wie Feuerwerksraketen explodiert als dritte mit einer Woche Verzögerung die strahlend weiße *Magnolia* x *loebneri*. Dieser Strauch wächst straff in die Höhe und hat mittlerweile sieben Meter erreicht. Nun sind die Magnolien-Tage in unserem Garten angebrochen. Am Boden leuchtet ein weiß-gelbes Narzissen-Meer, und die Sträucher steigern diese Blütenfülle. Meist blühen jetzt zusätzlich auch die Felsenbirnen, aber sie sind nicht so spektakulär wie die Magnolien.

Die letzte der frühen Magnolien ist die Wildform *Magnolia denudata*, die aus der chinesischen Provinz Yulan stammt. Große, schneeweiße Kelche sitzen auf ihren Ästen und erinnern an weiße Tauben. Nur ganz kurz, höchstens acht Tage, blüht diese Art. Dabei kann die ganze Magnolienpracht in einer Frostnacht ein Ende finden. Lediglich die *Magnolia* x *loebneri* ist noch nie erfroren. Zwar verliert sie nach einem Frost ihr Strahlen, aber so schmutzig braun wie bei den anderen sind ihre Blüten noch nie gewesen.

Magnolia liliiflora 'Nigra'

Frostsicher, weil später blühend, sind unsere anderen Magnolien. Spektakulär große, an Omas Sammeltassen erinnernde Blüten hat die Sorte 'Lennei' Anfang Mai. Ein prächtiger Strauch steht auf dem höchsten Punkt unseres Gartens. Ebenfalls noch nie erfroren sind die nach Zitrone duftenden Blüten der *Magnolia liliiflora* 'Nigra' – ein kompakter und langsam wachsender Strauch. Die späteste Magnolie unseres Gartens ist die *Magnolia sieboldii*, die erst Ende Mai, Anfang Juni ihre Blüten öffnet. Sie hat untypische, sternförmige weiße Blüten mit roten Staubgefäßen, die nach unten hängen. Deshalb sollte man sie immer etwas erhöht pflanzen, um ihre Schönheit von unten bewundern zu können.

Magnolia x *soulangeana* 'Lennei'

Unsere sechs verschiedenen Magnolien sind nur eine kleine Auswahl aus einem riesigen Angebot. In einer niederländischen Baumschule kann man unter rund 250 verschiedenen Magnolien wählen! Als wir vor 25 Jahren unseren Magnolienbestand pflanzten, gab es nicht viel Auswahl. Wir waren damals froh, wenn wir in einer Baumschule eine besondere Sorte finden konnten außer den überall angebotenen Sternmagnolien und dem sogenannten „Tulpenbaum" (*Magnolia* x *soulangeana*). Mit den beschriebenen, damals gepflanzten Magnolien sind wir sehr zufrieden. Nur eine Art, die amerikanische Gurken-Magnolie (*Magnolia acuminata*), überzeugte uns nicht. Starkwüchsig, fast wuchernd und mit unscheinbaren blassgelben Blüten, hat sie uns enttäuscht – wir griffen zur Axt.

Wenn wir heute in die Liste mit 250 Magnolien schauen, schütteln wir den Kopf. Wir wüssten nicht, welcher Pflanze wir den Vorzug geben sollten. Es gibt inzwischen kräftig gelbe und sogar fast blaue Sorten. Die Züchter haben eine verwirrende Vielfalt geschaffen, sodass die Wahl schwierig ist. Wehe, wenn man dann nicht widerstehen kann und mehrere dieser oft sehr kleinen Sträucher kauft. Schneller als gedacht werden daraus kräftige Gehölze, für die dann im normalen Hausgarten der Platz fehlt.

Die Hoffnung keimt

Es gibt Frühlingswochen, die sind und bleiben eine herbe Angelegenheit. Nur – jammern und klagen ändert nichts. Wenn das Eis auf den Teichen vormittags getaut ist, meist gegen 11 Uhr, gehe ich schicksalsergeben in den Garten, lockere die Erde an den Beeten und säubere die Wege. Dabei keimt jedoch Hoffnung, im wahrsten Sinne des Wortes. Denn an vielen Stellen in unserem Garten findet fröhliche Selbstaussaat statt. Diese Samen sind „Winterkeimer", d. h. sie brauchen Frost – erst danach keimen sie.

Allerdings benötigt man den erfahrenen Gärtnerblick, um sie zu erkennen. Ganz wichtig ist das beim wunderschön blühenden Judaspfennig oder Silbertaler (*Lunaria*), der nicht umgepflanzt werden kann. Die Sämlinge bestimmen ihren Standort selbst, und so muss ich immer entscheiden, ob ich mit ihrer Wahl einverstanden bin oder sie an der Stelle, die sie sich ausgesucht haben, weghacke. Bei den Christrosen ist das anders. Ihre zahlreichen Sämlinge lassen sich spätestens nach dem vierten Blatt gut verpflanzen, aber sie kommen in so großen Mengen, dass wir sie nicht alle gebrauchen können. Beim Muskatellersalbei wiederum verhält es sich noch anders. Hierbei handelt es sich um eine schöne, aber leider kurzlebige Staude mit markantem Duft, bei der die älteren Pflanzen den Winter manchmal nicht überleben. Dann sucht man überall im Garten nach Sämlingen, um den Bestand wenigstens zu erhalten. Weniger selten sind die Keimlinge des gelben Staudenmohns (*Meconopsis cambrica*), der meist nur zwei oder drei Jahre alt wird. Er versamt sich aber dafür reichlich, ebenso der gelbe Lerchensporn (*Corydalis lutea*).

Das kann auch schon mal zu viel werden, wie bei den Akelei, die anscheinend wild entschlossen sind, den kompletten Garten zu erobern. Ganz besonders freue ich mich über die Jungpflanzen des Sommerrittersporns, die sich zahlreich im sandigen Hauptweg des Gemüsegartens finden. Sie werden jetzt in Gartenbereiche ausgepflanzt, in denen ihre lockeren Blüten in Blau und Rosa eine schöne Ergänzung sind, etwa bei den etwas steif wirkenden blauen Iris.

Ein Sämling des Sommerrittersporns

„Ach, wie schön, bei Ihnen darf sogar der Löwenzahn wachsen", bemerkte letztens eine offensichtlich in einer Großstadt wohnende Besucherin. Was da so gezackte Blättchen aus der Erde schob, konnte allerdings nur sehr entfernt mit Löwenzahn in Verbindung gebracht werden – es handelte sich um *Acanthus hungaricus*, die Balkan-Bärenklaue, eine uralte, ursprünglich auf den Mittelmeerraum beschränkte Pflanze. Ihr Blattwerk hat schon in der Antike Bildhauer zur künstlerischen Gestaltung von Säulenkapitellen angeregt und war bis in die Renaissance hinein eine Vorlage für Architekten und Maler. Ihr Blütenstand im Hochsommer ist beeindruckend, und dann schießt sie im Herbst mit einem kleinen Knall ihre Samen in die Umgebung. In unserem sandigen Boden wächst sie besonders gut. Mit dem Löwenzahn gemeinsam hat sie die tief ins Erdreich dringende Pfahlwurzel und noch etwas anderes: Beide können ausgesprochen lästig werden.

Kaiserliche Blütenpracht

Wie kam der Löwenzahn eigentlich zu seinem reißerischen Namen? Seine Blüten, die die Wiesen und Straßengräben schmücken und im Garten eine Plage sind, haben eher etwas Behäbiges, und die gezackten Blätter sind auch nicht gerade furchteinflößend. Bei den Franzosen heißt diese Pflanze „pissenlit" und spielt damit auf die Wirkung an, die der Löwenzahn hat, wenn man den Kaninchen Konkurrenz macht und ihn in die Küche holt. Im Übrigen bleibt auch offen, was der Bärlauch eigentlich mit Bären zu tun hat. In England heißt er „wild garlic", was seinem Geschmack auch näher kommt, denn er schmeckt ja ein bisschen wie Knoblauch ohne Reue. Dagegen kann man sich beim Tränenden Herz sofort vorstellen, wie es aussehen könnte. Der kleine Tropfen unter der herzförmigen Blüte rechtfertigt diesen Namen. Selbst beim Vergissmeinnicht ist der Name verständlich, denn damit ist die Penetranz verbunden, mit der es sich über den ganzen Garten versamt – in jedem Gartenwinkel erscheinen die strahlenden kleinen blauen Blüten.

Einen unbestritten majestätischen Eindruck macht ein imposantes Zwiebelgewächs, die Kaiserkrone. An straffen, 80 bis 90 Zentimeter hohen Stielen hängt ein Kranz glockenförmiger Blüten, die von einem kronenartigen Blätterbüschel überragt werden. Es gibt Kaiserkronen in Orange, verschiedenen Rostrot-Tönen und in Gelb, der Farbe, die in China dem Kaiser vorbehalten war. Und tatsächlich geht die stärkste Wirkung von der gelben Variante aus. Lediglich der strenge Geruch, den Stängel, Blüte und Knolle verströmen, irritiert etwas. Von Gartenbesuchern wird er in einer Skala von Duft bis Gestank bewertet. Es hält sich auch das Gerücht, Kaiserkronen würden Wühlmäuse vertreiben. Das können wir nicht bestätigen, denn die Krokuszwiebeln in unmittelbarer Nachbarschaft wurden fleißig weggefressen. Die Wühlmäuse sind in ihren verzweigten un-

Kaiserkronen auf dem „gelben Hügel"

terirdischen Gängen wahrscheinlich stärkere Duftnoten gewöhnt. Aber glücklicherweise schmecken ihnen die schuppigen Knollen der Kaiserkronen nicht.

Wir haben vor 15 Jahren 30 Knollen auf unseren „gelben Hügel" gepflanzt und waren überrascht, wie gut sie den Standort annahmen. Auf diesem – 100 Quadratmeter großen – Gartenabschnitt steht eine mächtige Robinie.

Offensichtlich gefällt ihnen dieser halbschattige Standort, der im Sommer auch noch sehr trocken ist, weil der große Baum viel Feuchtigkeit absorbiert. Allerdings düngen wir auch am Ende der Blütezeit die Kaiserkronen mit etwas Blaukorn. Jedenfalls vermehren sie sich kontinuierlich, und jedes Jahr blühen mehr als 100 „Kronen". Uns reizt es immer wieder, neue Gartenbilder zu schaffen. So haben wir vor einiger Zeit begonnen, auch mit orangefarbenen Kaiserkronen (*Fritillaria imperialis* 'Aurora') zu experimentieren. 20 Zwiebeln wurden in

Kaiserkronen (*Fritillaria imperialis* 'Aurora') und Darwin-Tulpen 'Blushing Apeldoorn'

gleichmäßigem Abstand über eine etwa 40 Quadratmeter große Fläche verteilt und mit 100 Darwin-Tulpen 'Blushing Apeldoorn' kombiniert. Gemeinsam sorgen sie für ein beeindruckendes Farbenspiel, aber es bleibt abzuwarten, ob sich die Kaiserkronen an dieser Stelle als ebenso dauerhaft erweisen wie die gelben Kaiserkronen auf dem Beet nebenan.

Giiiersch!

Wie „Hiiilfe" oder „Iiiieh" klingt es manchmal, wenn bei einer Gartenführung von Besuchern Giersch entdeckt wird. Ich kann diesen Schrecken, der mit deutlichem gärtnerischen Ekel verbunden ist, gut verstehen. Giersch ist ein Un-Kraut übelster Form. Sein noch recht harmlos aussehendes Blattwerk hat ein ausgedehntes unterirdisches Wurzelsystem, das alle Stauden und das Wurzelwerk von Sträuchern und Hecken gnadenlos durchdringt. Sogar die äußerst kompakten Wurzelballen von Rhododendren sind nicht sicher vor ihm. Irgendwo findet der Giersch auch hier eine Lücke, um mit seinen feinen Wurzeln einen ersten Vorstoß zu wagen. Wenn er dann nicht gestört wird, kommen stärkere Wurzelstränge, die mit Nebenzweigen eine ganze Fläche mit undurchdringlichem Wurzelgeflecht überziehen. Wie in der Tierwelt die Würgeschlangen erstickt er langsam die Stauden, denn das Blattwerk des Giersch sorgt auch oberirdisch für eine Einengung des Lebensraums von Stauden und Gehölzen. Giersch ist nicht verträglich – er will den Gartenraum ganz für sich. Giersch ist schlichtweg intolerant. Als sich vor über 20 Jahren in Deutschland immer mehr junge Leute für das Gärtnern interessierten, wurde

das Wort „Unkraut“ zum Unwort; es wurde durch „Wildkraut“ ersetzt, und wir wagten es damals kaum noch, von Unkräutern zu sprechen. Da ich mit einem bäuerlichen Gemüsegarten groß geworden bin, wusste ich von Kindesbeinen an, dass es Gewächse gibt, die den Ertrag einschränken – und die deshalb als Unkräuter oder sogar noch drastischer als „Dreck“ bezeichnet wurden. Aber in den 1980er Jahren entdeckte man die Natur und glaubte fest, dort sei jene Harmonie zu finden, die der menschlichen Gesellschaft abhanden gekommen ist (oder nie da war). Aber die Pflanzenwelt kennt so ein Harmoniedenken nicht einmal als Ideal; dort geht es permanent um Vorherrschaft. Man denke nur an die stachelbewehrten Krakenarme wilder Brombeeren, die in großen Bögen einen Lebensraum zu erobern suchen. Schon damals hatte ich den Verdacht, dass hinter der Umetikettierung von Unkraut zu Wildkraut schlicht ein Mangel an Gartenerfahrung steht. Ich befinde mich jedenfalls in einem ständigen und hartnäckigen Kampf gegen den Giersch, und das ist bei unserem großen Garten eine Daueraufgabe.

Auf in den Kampf: Mit der Jekyll-Gabel hat man eine Chance gegen den Giersch.

Manchmal legt er nicht einmal eine Winterpause ein, lässt sich auch nicht von späten Frösten beeindrucken und erobert klammheimlich Flächen zurück, auf denen ich ihn im Jahr zuvor gründlich in die Schranken verwiesen hatte. Von Gartenfreunden aus ganz Deutschland höre ich die Klage: Überall ist der Giersch auf dem Vormarsch. Meine Spezialwaffe gegen den Giersch ist jedenfalls eine kleine zweizinkige Gabel, die im 19. Jahrhundert von der englischen Gartengestalterin Gertrude Jekyll erfunden wurde. Mit der Jekyll-Gabel kann ich auch die Gierschwurzeln aus den Stauden pulen. Es gibt übrigens immer wieder Empfehlungen, den Giersch „wegzuessen“; Rezepte für Giersch als Spinatersatz oder Salat finden sich zuhauf. Nur – nach einem „Giersch-Kampftag“ vergeht mir regelmäßig der Appetit auf Giersch-Gerichte.

Mai

Der Mai wird überall mit Tanz und Musik gefeiert, und bei uns? Mit einem Feuerwerk aus bunten Farben und prächtigen Blüten natürlich! Der Höhepunkt der Tulpenzeit fällt in die erste Monatshälfte, begleitet von Kaiserkronen, späten Magnolien und Rhododendren. Die weiße *Wisteria* am kleinen Giebel fließt schier über, wenn sie in der Monatsmitte ihre bis zu 60 Zentimeter langen Trauben entfaltet hat. Flieder, *Allium* und Akelei werden überragt vom großen Blauglöckchenbaum (*Paulownia tomentosa*), und Blüten leuchten auf allen Etagen des Gartens.

Tulpenwahnsinn

„Narzissus und die Tulipan, die ziehen sich viel schöner an als Salomonis Seide", heißt es in einem Kirchenlied aus dem 17. Jahrhundert. Der Pfarrer und Dichter Paul Gerhardt hatte am Ende des 30-jährigen Krieges beim Anblick einer Tulpe den Vergleich zur luxuriösen Seide des Königs Salomo hergestellt. Ich kann das verstehen, denn Tulpen haben eine Eleganz, wie sie kaum eine andere Blüte ausstrahlt. Ein langer Stiel trägt einen Kelch aus purer Farbe. Dabei ist die Vielfalt der Formen und Zeichnungen schier unbegrenzt. Seit mehr als 400 Jahren werden Tulpen gezüchtet und begeistern die Menschen. Es gab kuriose Auswüchse bis hin zum sprichwörtlichen „Tulpenwahn": Bis 1640 gab es in Amsterdam Börsenspekulationen um Tulpenzwiebeln, die ihren Höhepunkt erreichten, als eine Zwiebel der gestreiften Sorte 'Semper Augustus' dem Wert eines Grachtenhauses an der Heerengracht

entsprach! Der Magistrat der Stadt Amsterdam griff ein und verbot diese Spekulationsgeschäfte schließlich. Aus unserer Sicht eine charmante Börsenspekulation – mit Tulpen, und nicht (wie heute) mit Weizen, Mais oder Reis. Damals verlor ein Spekulant allenfalls ein Stadtpalais – heute sind die Verlierer die Menschen in den Entwicklungsländern, die ihr Essen nicht mehr bezahlen können, ohne dass eine Regierung eingreift.
Der türkische Sultan Achmed III. war zu Beginn des 18. Jahrhunderts ebenfalls der Eleganz der Tulpe verfallen und ließ jährlich 900.000 (!) Tulpen pflanzen. Er kaufte sie damals schon überwiegend in Holland und plünderte dafür die Staatskasse, bis er schließlich abgesetzt wurde … eine wahre Geschichte aus tausendundeiner Nacht. Und auch wir sind den Tulpen verfallen. Jährlich werden 4.000 bis 5.000 Tulpenzwiebeln gekauft und gepflanzt – eigentlich Wahnsinn. Aber da wir sie alle selber pflanzen müssen, bleiben wir im wahrsten Sinne des Wortes mit den Füßen auf und mit den Fingern in der Erde. Und unsere Finanzen haben wir dadurch noch nicht zerrüttet, sodass wir die Blütezeit

unbeschwert genießen können. Dabei achten wir darauf, die Tulpen nicht zu massig zu pflanzen, sodass sie nicht wie gewaltige Farbkleckse wirken, und „strecken" die Tulpenblüte durch frühe, mittelfrühe und späte Sorten; so blühen nie mehr als 1.000 bis 1.500 Tulpen gleichzeitig, und die verteilen sich auf die verschiedenen Gartenbereiche. Bei der Mischung verschiedener Tulpensorten sollte man übrigens genau hinsehen – die richtige Kombination von Farben und Formen ist eine kniffligeAufgabe.

'Marylin'

Jetzt blühen schon die späten, lilienblütigen Tulpen der Sorten 'White Triumphator' und 'Mariette'. Ihre Kelche bestehen aus spitz zulaufenden Blütenblättern, die sich nach außen zurückbiegen. Der Kräutergarten wäre um diese Zeit noch ganz trist, wenn ihn nicht 500 'Mariette' mit ihrer altrosa Farbe in ein Blütenmeer verwandeln würden. Die weiße Form der lilienblütigen Tulpe ersetzt jetzt die verblühenden 'Purissima' und leuchtet besonders in der Dämmerung elegant, während im „Purpurgarten" die fast schwarze Tulpe 'Queen of Night' mit den lila Blüten des Judaspfennigs (*Lunaria*) und Polstern von Vergissmeinnicht eine gute farbliche Ergänzung zum Kräutergarten bilden.

'Queen of Night'

Im Palast des Sultans in Istanbul wurden zur Tulpenzeit übrigens große Feste gefeiert. Nachts waren die Palastgärten von Tausenden Kerzen erleuchtet, und zur Musik schritt der Sultan mit seinem Harem durch die blühende Pracht. Wir begnügen uns damit, auf den verschiedenen Sitzplätzen zusammen mit unseren Katern die Tulpenpracht zu genießen – und sind wahrscheinlich deutlich weniger gestresst als der Sultan in seinem Palastgarten.

Die Pfingstrose mit dem unaussprechlichen Namen

Paeonia mlokosewitschii – ein echter Zungenbrecher. „Paeonia" verweist auf die griechische Sagenwelt, und hinter „mlokosewitschii" verbirgt sich der Name eines russischen Försters, der im 19. Jh. im Kaukasus eine wild wachsende, gelb blühende Pfingstrose entdeckte, die nun seinen Namen trägt. Die Engländer haben übrigens nicht lange gefackelt und aus dem schwierigen russischen Namen einfach „Molly the witch" gemacht. Nur – an eine Hexe erinnert diese Pflanzenschönheit mit den ungefüllten, zartgelben Blüten überhaupt nicht. Später im Jahr reifen die Samenstände dieser besonderen Pfingstrose heran, und wenn die Samenkapseln aufplatzen, zeigen sich dicke, schwarz glänzende fruchtbare Samenkörner neben grellroten unfruchtbaren. Pfingstrosen sind Frostkeimer und meist im dritten Jahr blühfähig.

Paeonia mlokosewitschii

Aus der Wildform hat man eine weitere gelbe Pfingstrose gezüchtet, die den klangvollen Namen „Claire de Lune" trägt. Sie blüht viel länger als die Wildform, aber ihre Farbe ist derber. Es gibt mittlerweile unzählige Pfingstrosen-Sorten, die gestaffelt über zwei Monate hinweg blühen: ungefüllte, halbgefüllte und dick gefüllte Blütenformen von Weiß über Rosa bis zu einem tiefen Dunkelrot. Auch in unserem Garten leuchten viele von ihnen um die Wette, denn wir finden diese Farben- und Formenvielfalt unwiderstehlich.

Dickköpfe und Mauerblümchen

Narzissen, Tulpen, Kaiserkronen und Magnolien bestimmen mit ihrer Pracht das Gartenbild, aber auf den zweiten oder sogar erst dritten Blick kommen auch die „Mauerblümchen" ins Blickfeld. Das sind all jene kleinen Blumen, die zur „Grundierung" des Gartens gehören – allen voran die Vergissmeinnicht (*Myosotis*) entlang der Wege, an den Mauern und in den Beeten, wo sie sich nach

Blauer Flor: Vergissmeinnicht

Lust und Laune ausgebreitet haben. In den Iris-Beeten dürfen sie jetzt, vor der Iris-Blüte, sogar die Hauptrolle spielen, denn ihr helles Blau sorgt dort für spielerische Leichtigkeit. Im weißen Garten leuchten die Pfingstveilchen (*Viola sororia*) und der Lerchensporn (*Corydalis ochroleuca*). Im vergangenen Jahr hatte ich aus Samentütchen Vergissmeinnicht in einem dunkleren Blau gezogen. Das war mit ziemlichem Aufwand verbunden: säen, pikieren und im März auspflanzen. Zwar haben sie eine kräftigere Farbe, aber es sind kompakte, kleine Büsche, deren Charme sich sehr in Grenzen hält. Sie sehen nur ordentlich aus – und sonst nichts, denn die fröhliche Farbigkeit ihrer etwas wilderen Cousinen fehlt ihnen. Also werde ich mir in Zukunft die Arbeit des gezielten Aussäens sparen.

Seit vielen Jahren beharrt das großblumige, weiße Pfingstveilchen in unserem Garten darauf,

Weißes Leuchten: Pfingstveilchen

sich seinen Platz selbst auszusuchen – u. a. in der Kiesfläche vor dem Teich im weißen Garten –, und alle Versuche, es gezielt an bestimmten Orten anzusiedeln, schlugen fehl. Ebenso eigensinnig ist der weiße Lerchensporn; wenn man ihn umpflanzt, schmollt er fast einen Sommer lang, bis er den zugewiesenen Standort annimmt – oder auch nicht. Dort jedoch, wo er sich selbst versamen darf, ist er ein unermüdlicher Dauerblüher bis zum ersten Herbstfrost.

Es gibt übrigens eine ganze Reihe von Pflanzen, die es überhaupt nicht schätzen, umgesetzt zu werden. Dazu gehören neben dem Judaspfennig oder Silbertaler (*Lunaria*) auch Akelei (*Aquilegia*) und gelber Scheinmohn (*Meconopsis cambrica*), deren Pfahlwurzeln das Umpflanzen erschweren. Aber wir brauchen keinen Garten, der zeigt, dass wir „alles im Griff" haben – nur beim Giersch kennen wir kein Pardon.

Vom Aschenputtel zur Prinzessin

„Oh, Sie lassen es einfach wachsen!" Diesen Kommentar höre ich manchmal von Gartenbesuchern, die auf die Akelei zeigen, die zahlreich am Wegesrand stehen. Ich schlucke dann etwas, weil ich nicht einordnen kann, ob das als Kompliment gemeint ist – oder als versteckte Kritik am vermeintlich faulen Gärtner. Wenn jetzt, Mitte Mai, die Akeleiblüte in vollem Gange ist, staunen die Besucher über die Vielfalt der Blütenformen. So ist das mit der Akelei und einigen anderen Kleinstauden: vor einem Monat noch als zweifelhafte Kandidaten betrachtet, bezaubern sie jetzt mit ihrer Blütenfülle. Dabei sind Akeleien sehr eigenwillig; sie suchen sich ihren Standort selbst und lassen sich nicht verpflanzen. Wenn sie einmal ihre Pfahlwurzeln in die Erde getrieben haben, hat man als Gärtner höchstens im Spätherbst oder Winter eine Chance, sie umzupflanzen. Aber auch dann, so meine Erfahrung, schmollen sie und bringen nur eine Kümmerblüte zustande. Lasse ich sie aber an ihrem selbst gewählten Standort, können wir uns im Mai uneingeschränkt an ihnen erfreuen.

Einzelne Akeleien gab es bei uns immer. Aber sie waren unspektakuläre „Mitläufer", und unser Interesse galt den langsporigen, mehrfarbigen, extravaganten Formen, die wir immer wieder in Gärtnereien kauften. Aber diese Liebe wurde nicht erwidert; es funktionierte nie, sie in unserem Garten anzusiedeln. Erst bei einem Gartenbesuch in der Normandie hatten wir unser Aha-Erlebnis. Dort hatte der britische Gartengestalter Marc Brown in einem Privatgarten Beete angelegt, die am Rande gesäumt waren von Hunderten einfacher Akeleien. Er nannte diesen Teil „Shakespeare-Garden", und im weichen Morgenlicht dieser Landschaft erlebten wir staunend den poetischen Zauber der in einer leichten Brise schaukelnden Blüten, wie Notenzeichen in der Luft. Hier waren die von uns bisher in die „Kategorie Aschenputtel" eingeordneten Stauden zu Prinzessinnen geworden, und wir begriffen, welche gestalterischen Möglichkeiten diese scheinbar so locker dahingeworfene Pflanzung bot, denn unser eigenes Gartenkonzept war von Anfang an von der Idee geprägt, Leichtigkeit und Fröhlichkeit zu verbreiten – bloß kein repräsentativer Garten, sondern ein von Farben und Lebensfreude bestimmter.

Geheimnisvolle Schönheiten: Akeleien

Dazu passen die Akeleien. Aber es dauerte Jahre, bis es so weit war. Wir mussten die Sämlinge erkennen, durften sie nur da weghacken, wo wir sie wirklich nicht haben wollten, und langsam wuchs die Population. Die blauen Akeleien wurden von uns bevorzugt, und wir sorgten dafür, dass möglichst wenig rosafarbene die Chance bekamen, sich zu versamen. Etwas Rosa muss dabei sein, aber die Blautöne sollen eindeutig überwiegen. Also, von wegen „einfach alles wachsen lassen“ … Wir haben uns für viele Akeleien entschieden und bereuen es nicht. Fröhlichkeit und Leichtigkeit liegen jetzt, Mitte Mai, über unserem Garten, und geben den Stars dieser Maitage – wie dem Taschentuchbaum, dem Blauglockenbaum und den knalligen Azaleen – einen beschwingten Bildhintergrund.

Kulinarischer Luxus im Alltag

Was sind das für wechselvolle Tage: Vor einer Woche gab es noch kalten Regen, Hagel und eisige Finger in dicken Arbeitshandschuhen – und jetzt liegen schon die ersten Sommererfahrungen hinter uns in einem Garten voller Duft und Farbe. Obendrein gab es ein Unwetter, das aber einen gnädigen Umweg um Schneppenbaum machte und nur Ausläufer mit warmem Regen über unseren Garten schickte. Beim Rundgang zeigt sich im Gemüsegarten nun explosives Wachstum. Der Spinat hat sein Blattvolumen verdoppelt, und mir fällt plötzlich das Märchen von Frau Holle ein, in dem die Äpfel der zukünftigen Goldmarie zurufen: „Ernte uns, wir sind reif!“ So wird ein Tag für die Spinaternte eingeplant, denn uns hilft leider keine Marie beim Ernten, Verlesen, Waschen und Blanchieren. In den Reihen neben dem Spinat ist auch der Rübstiel (niederrheinisch „Stielmus“) emporgeschossen und scheint zu sagen: „Noch sind wir zart, bald sind wir hart!“ Der Kopfsalat hat richtige Pausbacken bekommen, und die Radieschen zeigten ver-

Ende Mai ist der Spinat erntereif.

Üppige Fülle im Gemüsegarten

lockende Rundungen. Eines ist klar: Diese Woche steht frisches Gemüse auf dem Speiseplan. Das Gemüse, das bei uns auf den Tisch kommt, ist purer Luxus, in einer Frische und Qualität, die nicht zu kaufen ist. Es ist mit biologischem Dünger gezogen und wird in der Regel um 12 Uhr geerntet und um 13 Uhr gegessen. Das bezeichne ich als wahren täglichen Luxus unseres Lebens. Dafür pflanze und säe ich gern und verbringe meine Zeit beim Unkrautjäten. Diese Zeiteinteilung ist auch eine Frage des Lebensstils. Zu Bildschirmen und Monitoren habe ich keinen Draht – da wende ich mich lieber dem realen Leben in unserem Garten zu.

Und der „Bauch" unseres Gartens sind die Gemüsebeete. Der Spinat wurde am Donnerstag taufrisch geerntet, mittags gab es ihn gedünstet, abends püriert als Spinatsuppe. Bei sommerlichen Temperaturen auf der Terrasse im Innenhof leuchtet über uns die weiße *Wisteria floribunda* 'Alba'. Wenn die fleißige Marie im Märchen von Frau Holle zum Schluss mit Gold überschüttet wird, stellt sich mir daher die Frage, ob sie das glücklich macht … oder ob sie lieber etwas Gutes zu essen hätte.

Botanisches Farbspektakel

In den ersten Maitagen sind es die späten Tulpen, die für einen Farbenrausch sorgen. Im Kräutergarten stehen die Tulpen der Sorte 'Mariette' in Einzelpflanzung, die diesen Gartenteil in ein Blüten-

'China Pink'

Locker-flockig: Judaspfennig

meer verwandeln. Gleich daneben fällt die Kombination von blühenden Judaspfennigen (*Lunaria*) in Violett mit den fast schwarzen Tulpen 'Queen of Night' ins Auge. Darüber stehen dann noch ein rosafarbener Zierapfel in Blüte und eine späte dunkelrote Magnolie (*Liliiflora* 'Nigra'). Am Wiesenteich, wo vor Kurzem noch Tausende Narzissen in Gelb und Weiß für Farbe sorgten, haben die blauen, etwa 80 Zentimeter hohen Präriekerzen (*Camassia*) das Blühen übernommen. Auch die Rhododendren in allen Rand-

bereichen, die zum Teil schon zweieinhalb Meter hoch sind, öffnen ihre dicken Knospen in vielen Farben. Dazu kommen – ab Mitte Mai – die ersten Rosen. In der Baumetage ist der Taschentuchbaum (*Davidia involucrata*) eine gärtnerische Sensation: Er winkt mit Tausenden weißer Blütenblätter, was ihm seinen Namen eingebracht hat.
Ein anderes Gehölz chinesischer Abstammung blüht ebenfalls im Mai: der Blauglöckchenbaum (*Paulownia tomentosa*); er trägt auf kurzen Rispen fingerhutähnliche blaue Glocken, die nach Veilchen duften. Darunter stehen Hunderte Akeleien, meist auch in Blau. Nicht durch Blüten, sondern durch sein fast weißes Laub fällt der Pagodenhartriegel (*Cornus controversa* 'Variegata') auf, und die weit ausschwingenden Äste sorgen dafür, dass er nicht übersehen werden kann. Seinen aparten Laubschmuck trägt er bis zum Herbst, aber der noch frische Austrieb im Mai ist besonders wirkungsvoll.
Verschiedene Fliedersorten blühen und duften ebenfalls in dieser Zeit, und in der zweiten Maihälfte zeigen sich Hunderte von Zierlauch-Kugeln (*Allium*) auf ihren bis zu einem Meter hohen Stielen. Fast hätte ich die Azaleen vergessen, die zum Teil schon zwei Meter hoch und in Gelb und Orange richtige „Knaller" sind. Aber die frühe gelbe Rose daneben, *Rosa pimpinellifolia* 'Double Yellow', ebenfalls fast zwei Meter hoch und breit, kann ihnen durchaus Konkurrenz machen. Eigentlich neige ich nicht zu schwärmerischen Beschreibungen. Aber im Mai muss ich eine Ausnahme machen. Dies ist eine Zeit, die wir fast uneingeschränkt genießen können … vorausgesetzt allerdings, die Eisheiligen zeigen nicht zu sehr, von wem dieses ganze Blütenfeuerwerk abhängig ist: nämlich vom Wetter.

Der persische Lauch (*Allium giganteum*) vermehrt sich seit Jahren.

Juni

Der Juni ist etwas ganz Besonderes: noch Frühling, aber auch schon Sommer. Zwei Jahreszeiten „überblenden“ einander und schaffen einen einzigartigen Höhepunkt in unserem Garten. Wenn das Wetter mitspielt! Es kann auch einen bösen Rückschlag geben, sollte die „Schafskälte“ Anfang des Monats sogar noch Nachtfröste bescheren. Glücklicherweise ist das am Niederrhein die Ausnahme. Meist können wir uns an der Rosenblüte erfreuen, dazu an den Iris und den Pfingstrosen. In der „Gehölz-Etage“ schaffen die Blumenhartriegel einen weißen Sternenhimmel, der Gemüsegarten ist bunt geworden, und das Gemüse sieht frisch und knackig aus. Es wächst der Ernte entgegen …

Auftritt der Königin

Der zur Zeit wohl weltweit bekannteste Gartengestalter, Piet Oudolf aus dem niederländischen Hummelo, pflanzt in seinen Anlagen keine Rosen! Weder im Gedächtnisgarten für den 11. September in New York noch in seiner großen Anlage in Chicago sind Rosen gepflanzt. Wir selbst haben uns seine berühmte Anlage im Gräflichen Park in Bad Driburg angesehen: Stauden-Gräser-Kombinationen in Vollendung, aber keine Rosen.

Unsere Erfahrungen mit Rosen lassen dafür Verständnis aufkommen, denn Rosen sind Diven. Sie brauchen Personal zur persönlichen Betreuung. Auch hinter der oft gebrauchten Bezeichnung als „Königin der Blumen", die wegen ihrer Schönheit und ihres Dufts auch berechtigt ist, versteckt sich die Tatsache, dass eine

'Lawinia'

'Constance Spry'

'Aspirin'

Königin einen Hofstaat hat – und den verkörpert bei Rosen dann der Gärtner. Rosen sind bezaubernd schön und äußerst anspruchsvoll. Das beginnt schon bei der Sortenauswahl: Da gilt es, für die jeweilige Klimazone und den vorhandenen Boden die richtigen Sorten zu finden. Hinter den etwa 150 in unserem Garten wachsenden Rosen stehen ebenso viele Misserfolge. Es gibt zwar für jeden Boden Rosen, aber bei uns war es ein Prozess von mehr als 15 Jahren, die Rosensorten herauszufinden, die in unserem sauren Sandboden wachsen. Die schönen Bilder in Büchern, Katalogen und Gartenzeitschriften täuschen nur allzu oft darüber hinweg, dass Rosen spezifische Bodenansprüche haben. Und es ist schwierig, diese Bodenansprüche genau zu kennen. Deshalb ist das Pflanzen von Rosen immer ein Experiment. Viele der von uns ausgewählten und gepflanzten Rosen haben „Nein!" gesagt, „Hier nicht!" oder gar „Hier erst recht nicht!".

Ein Sämling der Ramblerrose 'Wedding Day'

Aber zu den Tugenden des Gärtners gehören Geduld und Ausdauer. Während dieses gärtnerischen Marathons habe ich im Laufe von vielen Jahren die Rosen gefunden, die uns und unseren Boden akzeptieren. Die jetzt bei uns wachsenden Rosen sind wunderbar, und wir könnten uns unseren Garten nicht ohne sie vorstellen. Dabei sind alle Rosenkategorien bei uns vertreten: Bodendeckende Rosen, Strauchrosen, Wildrosen, Englische und Historische Rosen, Kletterrosen und Ramblerrosen. Was bei uns aber fehlt, sind die sogenannten „Edelrosen". Diese spröden Schönheiten, bei denen sich auf langen Stielen eine formvollendete Rosenblüte entfaltet, die dann noch nicht einmal duftet, haben bei uns keinen Zugang. Dafür ist uns der Pflegeaufwand zu groß und das Ergebnis zu gering. Es gibt nicht ohne Grund so viele Rosenbücher: Zwar ist es die Schönheit eines blühenden Rosenstrauches, die bezaubert, aber daneben ist es notwendig, die Informationen zu Sortenwahl und Bodenverhältnissen, zum Schneiden und Düngen ebenso zu bekommen wie zum Winterschnitt – und so füllen sich die Seiten. Eine Rose ist eben die „Königin unter den Blumen".

Botanische Rangfragen

Der Monat Juni ist für alle Gartenfreunde in erster Linie der Rosenmonat, denn die Königin der Blumen, wie sie oft genannt wird, hat jetzt ihren großen Auftritt. In den zweiten Rang verwiesen ist eine andere, ebenfalls im Juni blühende Pflanze, die Pfingstrose. Man hat ihr keinen eigenen volkstümlichen Titel zugestanden, obwohl diese Staude nichts mit den Rosen gemeinsam hat. Nur wegen der Schönheit ihrer Blüte ist ihr der Nachname „Rose“ angehängt worden. Die Pfingstrose hat keine Dornen und wenige Krankheiten – und ist insgesamt pflegeleicht. Es gibt sie, wie die echte Rose, in vielen Formen: gefüllt, halbgefüllt, als einfache Schalenblüte und meist zauberhaft duftend. Das Farbspektrum ist ebenfalls den Rosen vergleichbar: von Weiß über Gelb, von Rosa bis zu allen Nuancen der Farbe Rot. Es gibt zahlreiche Wildformen und unzählige

neue Sorten. Einmal gepflanzt, gehört die Pfingstrose zu den langlebigsten Stauden überhaupt. Allerdings darf die Pflanze nur ganz flach mit Erde bedeckt werden, höchstens zwei Finger breit, denn zu tief gepflanzte Pfingstrosen verweigern das Blühen. Wenn sie im Februar oder März mit Holzasche gedüngt werden, verhindert das den Befall mit Grauschimmel (*Botrytis paeoniae*), der die Stängel angreift, und eine Düngung nach der Blüte hilft, damit sie im nächsten Jahr gut blüht.

Eines wissen nur wenige: Die Pfingstrose mag nicht königlichen Geblüts sein wie die stachelige und anspruchsvolle Gartenrose. Aber sie trägt den alten griechischen Namen „Paeonia". Höchsten Rang hatte sie in China, dort wurde sie im 7. Jahrhundert von Kaiser Yang Ti unter seinen Schutz gestellt. Bis zum Sturz der Monarchie 1912 war sie die Nationalblume Chinas. Es ist belegt, dass der chinesische Kaiser der französischen Kaiserin Josephine, der ersten Frau Napoleons, einige Paeonienpflanzen schenkte. Damit wäre die Rangfolge wohl geklärt.

Vorsicht, zickig! Clematis

Es ist mir ein Rätsel, wieso (klimatisch gesehen) außergewöhnliche Wetterlagen ausgerechnet den *Clematis* gut tun … können. Aber es ist so: Manchmal wachsen sie besonders eifrig, und niemand weiß, warum. Und dann wieder überhaupt nicht. Nun ja, den *Clematis* schreibe ich eine Eigenschaft zu: *Clematis* sind zickig! Auf jedem Etikett müsste bei ihnen als Angabe nicht „Stark wachsend" oder „Spät blühend" stehen, sondern „Vorsicht!", „Launisch!" oder „Unberechenbar!".

Seit 20 Jahren kaufen wir *Clematis* und haben inzwischen einen ordentlichen Bestand. Aber der entspricht nur 20 bis 25 Prozent der ursprünglich eingekauften Pflanzen. In unseren Unterlagen befindet sich eine Bestellung aus dem Jahre 1990, dort sind neun Exemplare dieser Waldrebe aufgelistet. Damals gab es die besonderen Sorten nur bei einer niederländischen Baumschule in Boskoop, und wir mussten die bestellte Ware auch dort abholen. Das bedeutete zwei Stunden Fahrt für eine Strecke und Preise, über die ich heute noch staune. Sie bewegten sich zwischen 12 und 25 Gulden pro Exemplar. Aber in der frühen Gartenleidenschaft kannten wir kein „Zu teuer". Damals gab es über die Behandlung der *Clematis* keine Literatur. Der deutsche Sammelname „Waldrebe" veranlasste mich zu der Annahme, dass Walderde von Vorteil wäre. Also besorgte ich mühsam mehrere Eimer davon und füllte sie in die Pflanzlöcher. Vielleicht war das mit eine Ursache dafür, dass nur ein Drittel der Pflanzen dauerhaft blieb, denn später erfuhr ich, dass diese zarten Gewächse vor allem hungrig sind. Dünger in jeder Form bitte – und das nicht zu knapp. Aus dieser Zeit geblieben ist eine besonders robuste Sorte mit dem Namen 'Alba Luxurians'. Sie ist weiß, und die Blütenblätter haben grüne Spitzen.

Seit nachweislich 22 Jahren erfreut sie uns ab Juli mit reichlichem Blütenflor. Alle anderen *Clematis* aus dieser Bestellung sind früher oder später dahingeschieden.

Warum eine *Clematis* einen Standort annimmt und die andere nicht, konnte ich noch nicht herausfinden. Manchmal mickert ein Exemplar aber auch zwei Jahre vor sich hin und entschließt sich dann plötzlich, kräftig zu wachsen – oder auch nicht. Eine große, weiß blühende *Clematis* hat uns in diesem Jahr total überrascht. Schon in anderen Jahren blühte sie mal gefüllt, mal einfach. In diesem Jahr brachte sie handtellergroße, gefüllte Blüten hervor, deren äußere Blütenblätter ein verhaltendes Lila zeigten, das in grüne Spitzen auslief. Zicken können eben manchmal auch bezaubernd sein.

Loblied auf den *Cornus*

Bei einer Pflanzengattung entwickle ich gärtnerischen Missionsdrang: bei den *Cornus kousa*, die in Deutschland unter dem Namen „Blumenhartriegel" immer noch viel zu wenig bekannt sind. Hinter diesem Namen verbirgt sich ein langsam wachsen-

der Strauch, der dreimal im Jahr einen besonderen Anblick bietet. Im Juni trägt dieses Gehölz Tausende strahlend weißer Blütensterne, die bis zu drei Wochen halten. Diese weißen Blütenblätter sind Brakteen, also weiß gefärbte Hochblätter – und keine zarten Blütenblätter, was ihre lange Haltbarkeit erklärt. Die eigentliche Blüte ist der recht unscheinbare grüne Knopf im Mittelpunkt dieser weißen Hochblätter. Aus diesem grünen Punkt entwickeln sich die Früchte, die Ende August bis Anfang September himbeerrot werden und ebenfalls eine Zierde sind. Diese Früchte sind essbar und eignen sich zur Herstellung einer sehr gut schmeckenden Marmelade (wenn man die Steine entfernt hat). Auch kann man sie mit klarem Schnaps und Kandiszucker ansetzen. Der daraus entstehende, nicht allzu süße Likör ist ein schöner Aperitif. Den dritten Höhepunkt bietet der Strauch, wenn sich sein Laub im Frühherbst flammend rot färbt. Selbst das Winterbild mit den kahlen Ästen, an deren Enden schon die Knospen für das nächste Jahr angesetzt sind, ist ein Blickfang. Es gibt kaum ein zweites Gehölz, das so viele Vorzüge auf sich vereinigt.
Die Schwierigkeiten bei den *Cornus* liegen eher in der Beschaffung. Mit dem botanischen Namen „Cornus“ oder dem deutschen

Namen „Hartriegel“ allein kommt der Käufer in einer Baumschule nicht weiter. Es wäre etwa so, als wollte man mit der Namensangabe „Janssen“ am Niederrhein eine bestimmt Person suchen: Jansen, Janzen, Jansohn, Jahnsen, Janßen oder Janssen – das sind alles Schreibweisen dieses weit verbreiteten Familiennamens in unserer Region. Bei den Hartriegeln ist es ähnlich: Es gibt mehr als 20 *Cornus*-Arten mit sehr unterschiedlichem Gartenwert. Einige werden sogar zur Randbepflanzung an Autobahnen verwendet.

Cornus kousa 'Venus'

Also ist der zweite Teil des Namens, nämlich „kousa“, wichtig. Aber dann stößt der Käufer auf die nächste Schwierigkeit: Es gibt rund 130 Zuchtformen, die alle mehr oder weniger gartenwürdig sind. Da habe ich auch keinen Überblick mehr und kann deshalb nur auf unsere Erfahrungen verweisen: Bei uns haben sich die Sorten 'Schmetterling', 'White Fontaine' und die rosafarbene Sorte 'Satomi' unter den sieben angepflanzten Sträuchern besonders bewährt.

'Satomi'

Mein Missionsdrang in Sachen *Cornus kousa* ist im Wesentlichen den beschriebenen Vorzügen dieses Gartengehölzes geschuldet. Aber vielleicht spielt hier auch noch eine besondere Vorstellung eine Rolle: Ein Gartenbesucher aus den USA erzählte, dass es im Bundesstaat Connecticut seit Generationen Tradition sei, bei jedem Eigentümerwechsel eines Hauses einen Hartriegel, der dort umgangssprachlich „Dogwood" genannt wird, zu pflanzen. Er sei einmal zur Blütezeit über Connecticut geflogen, und das ganze Land wäre mit weißen Blüten übersät gewesen, wie ein Sommerschnee. Das wäre doch auch eine Option für den Niederrhein!

Die Regenbogengöttin

Eine Frau kann elegant sein – und ein Mann auch. Es gibt elegante Wohnungen und elegante Geschäfte. Aber das Eigenschaftswort „elegant" passt irgendwie nicht zur Pflanzenwelt. Es gibt Tulpen-

sorten, die ich eventuell als elegant bezeichnen würde. Aber uneingeschränkt elegant sind nur die hohen Bartiris (*Iris barbata*), deren Blütezeit jetzt ihren Höhepunkt hat. Aus meiner Kindheit kannte ich die Schwertlilien, die in jedem Bauerngarten wuchsen, aber nie die Blicke auf sich zogen. Aber vor etwa 20 Jahren begegneten uns in einer süddeutschen Staudengärtnerei Schwertlilien von einer Größe und Schönheit, wie wir sie noch nie gesehen hatten. Große Blüten mit gewellten oder gerüschten Rändern in allen Farben des Regenbogens faszinierten uns. Die Begehrlichkeit war geweckt und wir bestellten die ersten Exemplare. Dann wollten wir mehr und begaben uns auf die Spur der Iris, die uns nach Frankreich führte. Die Franzosen und die Amerikaner hatten in der ersten Hälfte des 20. Jahrhunderts begonnen, aus den alten Schwertlilien neue Sorten zu züchten, die man wirklich als botanische Kunstwerke bezeichnen kann. Der alte deutsche Name „Schwertlilie“, der sich auf die säbelartigen Blätter bezog, wurde ersetzt durch den Namen „Iris“, der sich von der griechischen Regenbogengöttin ableitet. Tatsächlich kann man diese Blüten in ihren fließenden Gewändern mit der Erscheinung einer griechischen Göttin vergleichen. Die Farben und Farbkombinationen sind schier unendlich. Der neueste Katalog eines französischen Versandhandels bietet eine Auswahl von 400 Sorten. Allein die Blautöne, die wir bevorzugen, füllen 15 bebilderte Seiten des Katalogs. Iris brauchen einen mineralhaltigen, fruchtbaren Boden. Leider ist unser Boden in Schneppenbaum genau das Gegenteil. Also müssen wir viel düngen, einmal im Januar/Februar und dann noch einmal nach der Blüte. Für eine solche Behandlung wird der Gärtner dann allerdings auch belohnt.

'Baroque Prelude‘

'Hello Darkness‘

Die kleine Zwiebeliris (*Iris reticulata*) blüht bereits im Februar und kann sogar während brutaler Frostperioden ihre Blüten behalten. Dann gibt es noch Zwergformen, die im April blühen, und mittelhohe Iris für den Mai. In der Uferzone unseres Teiches blühen weiße Wasseriris (*Iris laevigata*). Orchideen vergleichbar sind die japanischen Wasseriris (*Iris ensata*), die dann aber schon wieder empfindlicher sind. Zu den pflegeleichten Arten gehört die Wieseniris (*Iris sibirica*); sie wächst in sandigen Böden, bevorzugt aber Lehm. Über schmalem, grasartigem Laub schweben Ende Mai, Anfang Juni ihre Blüten in Blau, Weiß, Gelb oder Rosa. Auch diese Art ist züchterisch entwickelt worden. Es gibt sie zweifarbig oder, besonders reizvoll, in Blau mit schmalem weißen Rand. Auch nach dem Verblühen sind die Pflanzen mit ihrem straffen Laub ein schöner Kontrast zu den nachfolgenden Stauden.

Iris laevigata 'Alba'

Einen Nachteil haben alle Iris: Sie blühen nur kurze Zeit, auch wenn man durch entsprechende Sortenauswahl ihre Blütezeit bis zu sechs Wochen verlängern kann. Aber wie soll man einer Blume widerstehen, die Namen trägt wie 'Pacific Mist', 'Java Bleue', 'Heure Bleue' oder 'Belle de Nuit', um nur einige zu nennen? Und 'Omas Sommerkleid' ist auch dabei.

Der Froschflüsterer

Regelmäßig müssen wir das Schilf am Teichrand mit der Gartenschere abschneiden. Es gehört zu den nicht mehr korrigierbaren Bepflanzungsfehlern aus unseren gärtnerischen Anfangsjahren. Damals wollten wir ein Biotop anlegen und pflanzten, der Empfehlung einer Broschüre des Ministeriums für Landwirtschaft und Umwelt folgend, auch Schilf. Das Schilf entwickelte sich rasant und will immer wieder den ganzen Teich erobern. Wir mussten erkennen, dass Schilf nicht in einen Gartenteich gehört, sondern an die Ufer natürlicher Wasserflächen in der Landschaft, und erwogen, den ganzen Folienteich

aufzunehmen, um endlich dieses Schilf loszuwerden. Und genau in dem Jahr, in dem wir darüber nachdachten, blühten in der Sumpfzone zum ersten Mal Wildorchideen (*Dactylorhiza*), auch „Knabenkraut" genannt. Die hatten wir nicht gepflanzt, sondern sie hatten sich von selbst eingefunden, und das empfanden wir als ein Kompliment der Natur an unseren Garten. Damit waren alle Überlegungen zur grundlegenden Renovierung des Teiches hinfällig geworden. Außerdem stehen diese Pflanzen unter Naturschutz. Aber dieses verflixte Schilf wächst und wächst und würde die Orchideen ersticken, die sich nur langsam vermehren. Also schneide ich jeden Sommer die Schilfhalme mit der Gartenschere

ab. Bei dieser absolut blödesten und überflüssigsten Gartenarbeit überhaupt hege ich finstere Gedanken ... ich hoffe immer, dass die Verfasser jener Empfehlungsschrift aus dem Ministerium auch für sich einen Teich mit der entsprechenden Bepflanzung angelegt haben und vor einer ähnlichen Aufgabe stehen. Aber wahrscheinlich sind sie nicht über den Schreibtisch hinausgekommen und verfassen jetzt andere Empfehlungen. Den Kopf voller finsterer Gedanken, hocke ich also am Teichufer und schneide Halm für Halm ab. Nun kommen die Frösche ins Spiel: Zwei von ihnen paddeln he-

ran, schnappen nach den Spinnen und anderen Insekten, die durch meine Schneidetätigkeit aufgescheucht werden. Sie setzen sich direkt neben meine Füße, und ich muss darauf achten, dass ich ihnen mit der Gartenschere nicht zu nahe komme. Sie veranstalten eine regelrechte Treibjagd – mit mir als Treiber und ihnen als Jäger. Von wegen dumme Tiere! Vielleicht ist das der Hintergrund für das Märchen vom Froschkönig, das ja aus Volkserzählungen entstanden ist. Aber den Kuss-Test wollte ich dann doch nicht machen und beschränkte mich darauf, die Frösche mit einem Halm zu streicheln – was sie sich tatsächlich gefallen ließen.

Jäger und Gejagte

Frösche und Igel fühlen sich bei uns wohl, ebenso die Vögel. Es sei denn, der Sperber kommt zu Besuch. Man stelle sich das vor: ein Junimorgen wie aus dem Bilderbuch, mildes Sonnenlicht, Luft wie Seide und Vogelgezwitscher. In bester Laune holte ich die Sonntagszeitung aus dem Postkasten. In einem der beiden gemauerten Torpfeiler gibt es eine kleine Aussparung, dort brüteten Blaumeisen, und nun saß die ganze Brut, vier kleine Vogelknäuel, in der Öffnung und sah fröhlich in die Welt. Offensichtlich empfanden sie mich als störend, und wie auf Kommando schwirrten sie alle gleichzeitig auf und flatterten, noch ein bisschen unbeholfen, auf die nächsten Zweige. In diesem Augenblick schoss ein Sperber mitten durch die Schar, griff sich einen der Kleinen und flog über meine Schulter in Pfeilgeschwindigkeit davon – Ende der Idylle.
Es ist erstaunlich, dass sich der Sperber nicht durch mich von der Jagd abhalten ließ. Ich habe im Frühjahr beobachtet, wie er auf der – noch kahlen – Weißdornhecke einem Vogel nachstellte. Der Kleine verkroch sich in dem dichten Gezweig der Hecke, und der

Sperber hüpfte mit kurzem Flügelschlag oben auf der Hecke hin und her und wollte offensichtlich seiner Beute Angst machen, damit sie aus der Deckung kam und er zupacken konnte. Das alles geschah in etwa fünf Metern Entfernung, ohne dass der Sperber sich durch meine Anwesenheit stören ließ. Erst als ich in die Hände klatschte, brach er die Jagd ab.

Ich beobachte mit Erstaunen, wie sich die Vogelwelt mit meinem ständigen Aufenthalt im Garten arrangiert. Sie verliert sichtlich die Scheu vor mir, und ich kann beobachten, mit welcher Emsigkeit die Raupen und Läuse von den Blättern gesammelt werden. Dabei sehe ich Vögel, die ich nicht kenne, und inzwischen liegen im Haus zwei Bestimmungsbücher griffbereit – nur helfen die nicht immer weiter. Von vier Grasmückenarten, die bei uns vorkommen, kann ich nur die Mönchsgrasmücke eindeutig an den schwarzen Streifen auf dem Kopf identifizieren. Auch den Zilpzalp kann ich nicht wirklich vom Fitis unterscheiden. Bei den Meisen ist das einfach, und die Amseln sind kaum zu übersehen. Unter ihnen gibt es eine, die mir bei allen Erdarbeiten folgt und sofort die freigelegten Würmer aus der Erde zieht. Eine andere findet mein Erscheinen allerdings eher unangebracht. Als ich zum ersten Mal von ihrem Flügelschlag am Kopf getroffen wurde, glaubte ich noch an einen Zufall. Beim zweiten Mal war mir klar, dass ich in diesem Gartenteil schlicht unerwünscht war.

Bei Arbeiten am vorjährigen Komposthaufen erscheint auf dem benachbarten (diesjährigen) Kompost tatsächlich ein großer Igel, mitten am Tag. Er läuft ein paarmal hin und her und prüft schnuppernd die Luft, lässt sich aus nächster Nähe beobachten und verschwindet dann in einer kleinen Höhlenöffnung. Okay, ich habe verstanden. Hier ist Mutterschutzgebiet!

Juli

Der Juli ist nicht nur kalendarisch der Wendepunkt des Jahres, auch im Garten beginnt ein neuer Abschnitt. Die Frische des Frühlings ist vorbei, und es wird alles behäbiger und geruhsamer. Es ist Sommer – und wenn er sich daran hält, bescheren uns die „Hundstage" in der Mitte des Monats Hochsommer mit langen Terrassenabenden, und selbst wir in Mitteleuropa dürfen dann über Hitze stöhnen. Im Gemüsegarten wird geerntet: Erbsen, der frühe Kohl in allen Varianten, Möhren, Zwiebeln und natürlich Salat. Der Juli entscheidet, wie der Sommer in Erinnerung bleiben wird. Wenn er, wie im Jahr 2012, kalt und regnerisch war, können ihn weder ein schöner August noch ein leuchtender September retten.

Taglilien und Lavendelsommer

Wenn der Himmel zu grau ist, braucht man Farbe im Garten. Wichtig sind dann alle Pflanzen, die Sonnenfarbe bringen. Im Gemüsegarten sind das die unermüdlich blühenden Ringelblumen (*Calendula*), an denen wir erkennen können, dass wir mitten im Sommer sind. In den Staudenpflanzungen übernehmen die Taglilien (*Hemerocallis*) diese Aufgabe. Gegen alles Grau und gegen jeden Regen öffnen sie sich Tag für Tag und strahlen bis in die späten Abendstunden. Ihr Name „Taglilien“ verführt zu dem Trugschluss, dass sie nur von kurzer Dauer sind. Für die einzelne Blüte trifft das auch zu, aber jede Staude produziert für ca. drei Wochen Tag für Tag neue Blüten. Dazu gibt es frühe Sorten, die schon ab Ende Mai mit der Blüte beginnen, und späte Sorten, die bis in den August hinein blühen. Aus meiner Kindheit kannte ich nur eine Sorte, die auf hohen Stielen orange-braune Blüten trug und nicht wirklich als ausgesprochene Schönheit bezeichnet werden konnte. Mein großes Taglilien-Erlebnis hatte ich erst in den 1980er Jahren, als wir auf einer Reise in die Schweiz im Badischen Station machten. In der Nähe von Freiburg besuchten wir eine bekannte Gärtnerei und sahen dort Felder voller Taglilien. Es war ein überwältigendes Farbenspiel, wie wir es vorher nur von holländischen Tulpenfeldern kannten. Hier waren es vor allem Gelb- und Orangetöne, die noch intensiver wirkten als die Sonnenblumenfelder des Südens. Und mitten in den Feldern stand eine alte Dame mit markantem Profil, derben Schuhen und Wollsocken, ausgerüstet mit einem Notizblock. Das war Gräfin Zeppelin, die damals die amerikanischen und französischen *Hemerocallis*-Züchtungen in

Hemerocallis lilioasphodelus

Deutschland bekannt gemacht hat. Ein Erinnerungsbild, das sich fest einprägte und unsere Begeisterung für Taglilien weckte.
Nun gehören die Taglilien zu den wenig problematischen Stauden. Sie wachsen auf allen Böden und an allen Standorten, nur im tiefsten Schatten verweigern sie das Blühen. Mit etwas Düngung gedeihen sie gut und blühen sehr willig. Im Zuge der Globalisierung

Hemerocallis cultorum 'Prairie Blue Eyes'

hat sich ein weltweites Netz von Taglilien-Sammlern entwickelt. Dabei wird in Nordamerika die Züchtung neuer Sorten besonders intensiv betrieben; dort sind mehr als 40.000 (!) registriert. Es gibt Zwergformen und besonders große Züchtungen und alle denkbaren Spielarten dazwischen. In der Gartenbuchabteilung unserer Bibliothek befindet sich eine reich bebilderte „Color Encyclopedia of Daylilies“ aus Kanada. Beim Durchblättern kann man nur den Kopf schütteln und schmunzeln. Es ist für jeden Geschmack etwas dabei, und bei einigen Züchtungen scheint der amerikanische Künstler Jeff Koons Pate gestanden zu haben – so bunt und beinahe schrill wirken sie. Nach der Blüte sieht die Pflanze mit ihrem üppigen Laub, das sich gelblich verfärbt, allerdings wenig attraktiv aus. Wir schneiden sie dann komplett dicht über dem Boden ab, und innerhalb von drei bis vier Wochen entwickeln sich neue Blattschöpfe, die mit ihrem frischen Grün eine schöne Ergänzung zu den Herbststauden bilden. Auch ist direkt nach dem Abblühen die beste Pflanzzeit, weil die Staude dann bis zur Win-

terruhe am neuen Standort einwurzeln kann und im nächsten Jahr besser blüht. Wer *Hemerocallis* pflanzen will, sollte sich gezielt informieren und durchaus etwas Geld investieren – es lohnt sich.

Und wenn die Sonne scheint, wie es sich gehört? Blühender Lavendel unter strahlend blauem Himmel – das ist die gebündelte Sehnsucht nach Sommer, Hitze und Urlaub. Das ist eine Reise in die Provence, das „Lavendelland", wo Lavendel auf großen Feldern für Duftstoffe aller Art angebaut wird. Eine Vorstellung, die wie gemacht ist für Fernweh – eigentlich. Denn während der letzten 15 Jahre hat diese Pflanze verstärkt Einzug in die niederrheinischen Gärten gehalten, und auch wir haben „unsere eigene" Provence in Schneppenbaum: Die Vögel singen, unsere Kater schnurren, Liegestühle und spannende Bücher stehen zur Verfügung. Unser Fernweh hält sich sehr in Grenzen.

Kalmia – die unbekannte Schöne

Fachleute haben ermittelt, dass in Deutschland zurzeit rund 27.000 verschiedene Pflanzen wachsen. Davon sind nur 2.320 einheimische Arten, alle anderen sind seit der Antike nach und nach zu uns eingewandert. Schon die Römer, die ja nicht nur Italiener, sondern Bürger aus allen Teilen des großen Weltreiches waren, haben sich hier am Niederrhein als Pflanzenimporteure hervorgetan – beispielsweise haben sie auf ihren Gräbern u. a. Rosen gepflanzt.

Durch die Eiszeit war die Pflanzenwelt Mittel- und Nordeuropas stark dezimiert worden. So sind z. B. Magnolien durch Samenfunde in Europa nachgewiesen, aber nach den Eiszeiten waren nur die ganz Harten übrig geblieben, wie Eibe (*Taxus*) oder auch *Buxus*. So wurde das seiner Vegetation beraubte Europa also zum „Einwanderungsgebiet". Vor allem über den Landweg kamen Pflanzen aus Asien, und nach der Entdeckung Amerikas brachten die Eroberer nicht nur Gold, sondern auch eine Fülle von Pflanzen über den „großen Teich" mit hierher. Diese Pflanzen haben sowohl die

Ernährung als auch den Alltag verändert und zur Erweiterung der Nahrungspalette beigetragen. Unsere Ernährung wäre ohne Kartoffeln, Tomaten, Bohnen und Paprika kaum vorstellbar.
Neue Zierpflanzen, wie z. B. die Dahlie, ursprünglich in Mexiko zu Hause, wurden bald populär, und die Züchter entwickeln bis heute immer noch neue Sorten. Unter diesen vielen neuen Pflanzen führten viele ein Mauerblümchendasein, bis sie von Züchtern entdeckt und weiterentwickelt wurden. Die Kalmien gehören zu diesen „Spätentwicklern", wobei der deutsche Name „Berglorbeer" darauf hinweist, dass sie an den Berghängen Nordamerikas heimisch sind. Die Kalmie ist ein immergrüner Strauch mit kleinen, in Dolden angeordneten Blüten. Neben dem Rhododendron hatte sie lange Zeit nur geringe Chancen, eine Garten- oder Parkpflanze zu werden. Auch einzelne neue Sorten, bei denen die Blütenformen größer und farbiger wurden, machten sie nicht wesentlich bekannter, und nur ausgesprochene Kenner pflanzten sie. In Dr. Karl Hübbers aus Kranenburg hat diese Pflanze jedoch einen Züchter gefunden, der die Kalmien wesentlich verbessert und damit gartenwürdig gemacht hat. 30 seiner neuen Züchtungen wurden inzwischen registriert und bilden damit die größte Kollektion europaweit.

Die Vorzüge der Kalmien bestehen in ihrer großen Widerstandsfähigkeit gegen Krankheiten und Schädlinge. Außerdem sind sie pflegeleicht – einmal mit reichlich Torf gepflanzt, brauchen sie keine Düngung. Im Gegenteil, Dünger schadet ihnen sogar und führt zum Absterben dieser robusten Pflanzen. Die ältesten Sträucher stehen in unserem Garten schon seit Anfang der 1990er Jahre und haben uns nie Probleme bereitet. Später kamen Dr.-Hübbers-Züchtungen dazu, dankbare und regelmäßige Blüher im Juni. An den Tagen der „Offenen Gartenpforte" stellen die Besucher immer wieder Fragen, die uns klarmachen, dass Kalmien nach wie vor relativ unbekannt sind. Aber es lohnt sich wirklich, sie näher kennenzulernen (www.kalmia.info)!

Grüne Wasserspeicher

Eigentlich will man das ja gar nicht wahrhaben: Wenn die Klimaforscher ihre finsteren Prognosen über die Klimaerwärmung abgeben, denkt man an Grönland mit den abtauenden Gletschern oder Sibirien, wo sich die russischen Oligarchen freuen, dass sie jetzt leichter an die Bodenschätze herankommen und noch größere Jachten fürs Mittelmeer in Auftrag geben können.
Aber die Prognosen der Wissenschaftler sagen vor allem etwas über extreme Entwicklungen beim Wetter. Temperaturen von 34° C – das ist Spanien oder Nordafrika, aber doch nicht der Niederrhein! So sollte unser Sommer sein: mit 25° bis 27° C in der Mittagszeit. Aber auf 34° C sind wir nicht eingerichtet. Tiere und Menschen suchen den Schatten oder gehen ins Wasser, aber die Pflanzen braten in der unbarmherzigen Sonne. Dazu kommen noch geringe Luftfeuchtigkeit und Wind, was für die Pflanzen purer Stress ist. Obendrein wird der Boden immer trockener, so-

dass die meisten erschöpft ihre Blätter hängen lassen. Aber es gibt auch Ausnahmen: Die mehrjährigen Stauden haben ihre Vorratsspeicher im Wurzelwerk und können solche Zeiten überstehen. Bei den Taglilien kann man diese Speicher sogar sehen: Ihre Wurzeln sind wie kleine Würstchen, in denen alles, was die Pflanzen in den nächsten Wochen brauchen, eingelagert ist – wie bei den Kamelen in der Wüste.
Auch andere Stauden sind härter im Nehmen als man denkt. Sie leben von einem Minimum an Wasser. Oft ist es der Tau, der sie am Morgen erfrischt, und in der Erde gibt es immer noch gerin-

ge Mengen von Feuchtigkeit, sodass die Pflanzen ihre Wurzeln immer noch etwas tiefer in die Erde strecken, um sich mit der vom Grundwasser aufsteigenden Feuchtigkeit zu versorgen. Aber bei den einjährigen Sommerblumen und Gemüsepflanzen ist das nicht so. Sie sind auf schnelles Wachstum in unserer gemäßigten Klimazone angelegt und deshalb an solch heißen Tagen vom Vertrocknen bedroht.

Bei uns wird gegossen, nicht beregnet. Für die Pflanzen wäre die Beregnung mit kaltem Wasser vergleichbar mit einem Sprung in den Badesee ohne vorherige Abkühlung. Die Gefahr von Pilzbildung besteht. Zum Gießen verwenden wir gern die englischen Gießkannen, weil mit dem langen Gießer genau der Wurzelbereich der jeweiligen Pflanze erreicht werden kann. Die Stauden werden nicht gegossen, sie kommen, wie beschrieben, sowieso mit der Trockenheit klar, und Gießen würde dazu führen, dass sie ihre Wurzeln nur an der Oberfläche entwickeln und immer anfälliger werden würden. Nur die neu angepflanzten Stauden erhalten etwas Gießwasser. Einzelne Sträucher brauchen ebenfalls Hilfe, weil sie sonst ihre Blätter abwerfen. Dann wird ein Schlauch für begrenzte Zeit an die Wurzeln gelegt, sodass das Wasser langsam einziehen kann. Beim Beregnen würde zu viel Wasser verdunsten und nur die obere Schicht leicht angefeuchtet werden. Unsere kleine Rasenfläche wird spät abends beregnet – da kann nichts passieren.

Jetzt wird das Wintergemüse gepflanzt.

Mitten im Sommer an den Winter denken

Auch im Gemüsegarten vollzieht sich eine Wende. Die erste große Erntezeit hat ihren Höhepunkt erreicht. Alle im März oder April gepflanzten Kohlarten sind erntereif. Kohlrabi essen wir schon seit Anfang Juni, auch der Spitzkohl ist schon in die Küche gewandert, aber jetzt sind Blumenkohl und Brokkoli so weit, ebenso der Wirsing und der Weißkohl, und alles fast zur gleichen Zeit! So viel, wie der Garten jetzt frisch anbietet, können wir gar nicht zu den Mahlzeiten verspeisen. Dazu kommen noch die Mark- und Zuckererbsen, die rechtzeitig gepflückt werden müssen, damit sie nicht zu hart werden. Ein großer Anteil dieser reichen Ernte wird blanchiert und eingefroren. Gut, dass ich auf einem kleinen Bauernhof groß geworden bin. Es war immer ein behagliches Gefühl, wenn sich der Vorratsraum füllte. Dabei wurde alles in Weckgläsern konserviert, erst später kam eine Gefriertruhe dazu. Einen Supermarkt gab es noch nicht, und es war auf dem Lande nicht üblich, Gemüse in der Stadt zu kaufen. Man versorgte sich selbst. Wir haben diese Tradition beibehalten, und auch das befriedigende Gefühl, uns mit biologisch angebautem Gemüse selbst zu ver-

Gute Erde ist die Grundlage für alles Wachstum.

Cocktailtomate 'Philovita'

sorgen, ist geblieben. Überall sind die bäuerlichen Gemüsegärten verschwunden, und der Spezialwagen mit Tiefkühlkost beliefert fast jedes Haus. Aber uns nicht!
Auf der Straße fährt derweil ein Trecker mit einer großen Giftspritze vorbei. Es droht die Krautfäule auf den viele Hektar großen Kartoffelfeldern. Bei entsprechender Wetterlage muss mehrfach wöchentlich dagegen gespritzt werden. Bei uns wachsen regenfeste Tomaten. Seit Jahren sind es zwei Sorten: die Cocktailtomate 'Philovita' und die Fleischtomate 'Phantasia', die ohne jeglichen Regenschutz wachsen. Selbst im verregneten Sommer 2012 hatten wir eine reiche Ernte. Die Pflanzen kaufe ich in jedem Mai auf dem Wochenmarkt in Kempen.
Die jetzt freigewordenen Flächen im Gemüsegarten werden mit Wintergemüse bepflanzt. Porree, Grünkohl und späte Salate sind es, mit denen wir uns dann ab November frisch versorgen. Im Mai ist der Knollensellerie gepflanzt worden, der jetzt schon ordentliche Knollenansätze hat. Diese Sellerie-Art gehört zu den anspruchsvollen Gemüsearten. Sie muss mehrfach mit biologischem Dünger versorgt werden, und in Trockenphasen ist tägliches Gießen angesagt. Dann können wir Sellerieknollen ernten, die bestenfalls etwas größer sind als Tennisbälle – wenn wir im Herbst fast handballgroße Knollen im Supermarkt sehen, fragen wir uns mit leichtem Grausen, welche Düngung das wohl möglich gemacht hat.

Buxus

Ein düsteres Thema ist das *Buxus*-Sterben. Seit mehr als zehn Jahren treten zwei Krankheiten beim *Buxus* auf, die verheerende Auswirkungen haben. Der eine Pilz heißt *Volutella buxi* und ist erkennbar, wenn sich ein Zweig plötzlich verfärbt und abstirbt. Zunächst denkt man an eine Katze, die ihr Revier markiert hat. Aber es ist der Anfang einer tödlichen Pilzerkrankung. Die zweite Pilzerkrankung hat den Namen *Cylindrocladium buxicola* und tritt an feuchten Sommertagen auf. Erkennbar ist dieser Pilz an dunklen Flecken auf den Blättern, die dann recht bald abfallen. Die Stängel verkahlen, sind aber nicht tot, sondern treiben, stark geschwächt, wieder aus. Oft greift dann der Volutella-Pilz die ganze Pflanze an, und sie ist zum Sterben verurteilt.

Viele Gärtner haben zunächst – wie sollten sie auch anders denken – zu Spritzmitteln gegriffen. Empfohlen wurde alles Mögliche, geholfen hat es nur den Herstellern und Verkäufern. Der *Buxus* starb und stirbt weiterhin. Jetzt werden Ersatzpflanzen empfohlen, etwa *Ilex crenata*. Die Krankheiten haben ganz Europa erfasst und, wie uns eine Besuchergruppe aus Oregon (USA) berichtete, sind auch in Nordamerika anzutreffen. Ganze Barockgärten sterben ab. So müssen die Buchseinfassungen des Königlichen Palais Het Loo bei Apeldoorn in den Niederlanden komplett ersetzt werden: 22 Kilometer! Dazu war sogar ein Parlamentsbeschluss nötig.

Eine Pflanze *Bux. suffruticosa* ist abgestorben, ohne den benachbarten 'Blauen Heinz' anzustecken.

Es fällt mir schwer, einfach zu Ersatzpflanzungen überzugehen. Der *Buxus* ist in seiner Entwicklungsgeschichte Millionen Jahre alt. Er gehörte, wie die Eibe, zu den widerstandsfähigen Pflanzen, die sich auch nicht durch die Eiszeiten aus Mitteleuropa verdrängen ließen. Die Römer hatten schon beschnittene *Buxus* in ihren Atriumgärten, und im Mittelalter sind die *Buxus*-Hecken von den Klostergärten bis in die Bauerngärten gelangt. Früher gab es kaum einen Bauerngarten, der nicht damit eingefasst war.

Wir haben die verschiedenen Publikationen in Gartenzeitschriften zu diesem Thema verfolgt und Beobachtungen gemacht, die eigentlich von Fachleuten aufgegriffen werden müssten. Zunächst einmal ist es so, dass *Buxus* in vollsonniger Lage schneller an *Volutella* erkranken. Dann zeigte es sich, dass vor allem eine Sorte für diesen Pilz anfällig ist: In einer Hecke mit der Sorte 'Blauer Heinz' stand ein *Buxus* 'Suffruticosa', der erkrankte und abstarb, ohne dass die Krankheit auf die anderen Pflanzen übertragen wurde. Bis heute ist dieser Pilz bei uns nicht auf die Pyramiden aus *Buxus sempervirens* übertragen worden. Die großblättrigen *Buxus* sind bisher gesund. Ich folgere daraus, dass es Resistenzen gibt; ferner beobachte ich, dass *Volutella* sich nicht mehr so aggressiv verbreitet wie noch vor fünf Jahren. Dafür tritt der Cylindrocladium-Pilz verstärkt auf. Bisher war eine Hecke aus 'Blauem Heinz' verschont geblieben, doch in diesem Jahr traten auch hier Krankheitserscheinungen auf. Eine Besucherin aus dem Paderborner Land empfahl uns ein Mittel zur Blattdüngung, ein biologisches Stärkungsmittel. Wir haben dieses Mittel angewandt, und dem ersten Eindruck nach scheint die Krankheit eingedämmt zu sein. Aber um das wirklich zu bestätigen, braucht es eine Beobachtung über mehrere Jahre hinweg. Außerdem schneiden wir unsere *Buxus*-Einfassungen überwiegend im Winter. Dann greifen die Pilze nicht an, und die bisherigen Erfahrungen mit dem Winterschnitt sind gut. Die Hoffnung stirbt zuletzt – auch hier.

August

Er ist ein Ferienmonat – auch im Garten. Das Grün der Bäume und Gehölze wird langsam stumpf. Im Gemüsegarten wird es höchste Zeit, die Wintergemüse auszupflanzen oder auszusäen. Es blüht überall, aber das sind viele Einjährige, die jetzt ihre beste Zeit haben. Unter den Stauden ist es der Phlox, der in vielen Farbnuancen in allen Gartenbereichen für Farbe sorgt. Die frühen Pflaumen werden reif, und die Sommeräpfel und ersten Birnen bereiten die Gartenbesitzer sanft auf den Herbst vor. Der Blumenzwiebel-Katalog ist eingetroffen und macht deutlich, dass es Zeit wird, sich mit der Gartenplanung für das nächste Frühjahr zu befassen …

Ein Mädchen namens Hortonse

Wenn ich in diesem Sommer durch die Dörfer und Ortschaften des Niederrheins fahre, sehe ich in Gärten und an Häusern mit großem Vergnügen sehr viele Hortensien. Große alte Büsche und kleine, erst vor Kurzem gepflanzte, aber alle voller Blüten. Überwiegend sind es die prallen, runden Blüten der Bauernhortensien, aber auch die filigranen Tellerhortensien sind inzwischen reichlich vertreten. Alle haben sie etwas Behäbiges, Sattes, das in die Erntezeit passt. Ihr botanischer Name lautet *Hydrangea* und bedeutet übersetzt „Wasserschlürferin" – vielleicht erklärt das, warum die Hortensien in regenreichen Jahren so üppig blühen …
Zu dem uns geläufigeren Namen „Hortensie" gibt es eine schöne Legende: Der französische Botaniker Bougainville, der zur Zeit Ludwigs XIV. eine Expedition nach Südamerika unternahm, dort

diese Pflanze entdeckte und mitbrachte, wurde von einem jungen Assistenten begleitet. Im Verlauf der Expedition stellte sich heraus, dass dieser junge Mann in Wirklichkeit ein junges Mädchen war, das den schönen Namen Hortonse trug. Mit dieser Legende wird die wechselnde Farbigkeit der Hortensien, mal rosa, mal rot, dann wieder violett-blau, begründet – ein hübsches Märchen, dessen Wahrheitsgehalt nicht unbedingt überprüft werden muss und das immer wieder erzählt wird.

Mein Verhältnis zu Hortensien war ursprünglich nicht besonders gut. In meiner Kindheit musste ich am sogenannten „Weißen Sonntag" immer wieder mal eine Hortensie in einer Kreppmanschette zu einem Kommunionkind in der Nachbarschaft tragen. Dort traf ich auf andere Kinder, die ebenfalls ein solches Gewächs etwas widerwillig vor sich hertrugen. Und als ich später am Palmsonntag konfirmiert wurde, war ich sehr froh darüber, dass es damals so früh im Jahr noch keine Hortensien zu kaufen gab. Allerdings bekam ich stattdessen … Taschentücher.

Hortensien habe ich lange ignoriert – bis zu einem Urlaub in der Bretagne. Dort waren die Dörfer voll von riesigen Büschen in leuchtendem Blau. So etwas konnte man nicht übersehen. Die Blautöne von Himmel, Meer und Hortensien machten damals einen nachhaltigen Eindruck auf uns, und seitdem zieren sie auch unseren Garten. Viele haben wir in Töpfe gepflanzt, die dann an besonderen Stellen eine Lücke füllen können. Große, über Jahre gezogene Hortensien gibt es zwar auch zu kaufen, aber die Preise lassen jede Begehrlichkeit schnell erkalten. So schneide ich im Herbst sechs bis sieben Pflanzen auf Auge in einer Höhe von 20 bis 30 Zentimetern zurück und überwintere sie frostfrei im Gartenhaus. Ab Mitte Februar wird regelmäßig gegossen und mit Nährsalz gedüngt. Sie danken es mit vielen Blüten, allerdings ist der Erfolg nicht hundertprozentig, denn es gibt immer wieder einen oder zwei Töpfe, die trotz gleicher Behandlung diese Blühwilligkeit verweigern.

Samthortensie *Hydrangea sargentiana*

Nur das Blau der Bretagne bringt keine unserer Hortensien hervor. Egal, welche Farbe wir in der Baumschule einkaufen, bei uns werden sie alle rosa oder rot. Nur die weißen bleiben farbtreu. Als Hausmittel wird empfohlen, der Pflanzerde Kupfer oder rostige Eisennägel beizugeben. Aber alle diesbezüglichen Versuche schlugen fehl, und unsere Hortensien bestanden darauf, wieder rosa oder rot zu blühen. Das Blau der Bretagne bleibt weiterhin ein Ziel, und ich sinne auf neue Experimente, zur Not auch mit Hilfe von Chemie – aber ohne Spraydose.

Paradiese

„Wie viele Pflanzenarten haben Sie in Ihrem Garten?" Diese Frage stellte vor Kurzem ein Gartenbesucher. Ich musste passen – wir haben nie eine „Pflanzenbuchführung" betrieben. Es wäre sicherlich im Nachhinein interessant festzustellen, was wir im Laufe der Jahre alles angepflanzt haben. Oder was wir alles schon einmal hatten, was aber aus den verschiedensten Gründen wieder verschwunden ist. Eine zeitweilige ganz große Liebe war der blaue Scheinmohn (*Meconopsis betonicifolia*). Ausgangspunkt waren einige Pflanzen im Garten unserer Mentorin in Moyland. Verstärkt wurde unser Begehren durch Bilder aus Tintinhull, einer englischen Anlage, die damals durch Penelope Hobhouse für den

Leuchtender Mohn

National Trust betrieben wurde. Der blaue Scheinmohn blühte dann auch bei uns, eine sündhaft teure Pflanze … einen Sommer lang. Bei einem Besuch in Tintinhull in den Folgejahren mussten wir feststellen, dass er auch dort verschwunden war. Solche Beispiele, wenn auch nicht ganz so kostspielige, würden in einer Pflanzenbuchführung sicher sehr oft zu finden sein.

Rittersporn, Tausendschön und Fuchsschwanz-Amaranth

Wir haben inzwischen begriffen, dass die Summe vieler Pflanzen noch keinen Garten ausmacht. „Was ist Ihre Philosophie?“, fragen niederländische Besucher oft; aufgrund der dortigen 400-jährigen Gartentradition stellen gerade sie häufig tiefgründige Fragen. Ich führe dann immer aus, was sich bei uns unter dem Stichwort „Garten als Lebensstil“ in der Vergangenheit entwickelt hat. Und wie wir dazu kamen, den Garten zu einem wesentlichen Lebensinhalt zu machen.

Die Herbstzeitlose (*Colchicum*) beginnt in den letzten Augusttagen zu blühen.

Ringelblumen und Sommerrittersporn

Als wir an einem warmen Sommerabend draußen im weißen Garten auf der Terrasse saßen, gab es einen Moment, der uns an einen prägenden Eindruck erinnerte. Über uns in der Luft turnte eine ganze Schwalbenfamilie. Eine dicke Holztaube nahm auf der Dachrinne schräg über uns Platz, weil sie so genauer sehen konnte, was auf dem Tisch stand. (Diese Taube verfolgt uns regelmäßig, wenn wir uns auf einer der verschiedenen Sitzmöglichkeiten niederlassen; sie ist dringend des Stalkings verdächtig). Wie eine Glocke legte sich mit der Abendstimmung eine träumerische Atmosphäre über unseren Garten. Die Geräusche von Treckern und der gegen neun Uhr noch stark befahrenen Landstraße kamen nur gedämpft und wie aus einer anderen Welt bei uns an. Und genauso haben wir vor rund zwei Jahrzehnten den Garten des Malers Emil Nolde erlebt. In Niebüll, direkt an der dänischen Grenze, waren wir für zwei Übernachtungen am Museum einquartiert, und am Abend, wenn alle Tagesbesucher abgereist waren, saßen wir allein in diesem zauberhaften Garten, der den Maler auch zu seinen Blumenbildern inspiriert hat. Die Atmosphäre dieses Gartens war nicht durch besondere Pflanzen bestimmt, sondern es war das Zusammenspiel von Farben, Duft und Materialien der friesischen Küstenlandschaft. Dieser Ort ruhte in sich, abgeschirmt von der Außenwelt. Unser Garten in Schneppenbaum ist ebenfalls eine kleine Gegenwelt geworden zur Hektik und Unruhe unserer Gesellschaft. Und bei vielen Führungen fällt daher auch immer wieder der Satz: „Sie haben hier ein Paradies!"

Kein Schneckenalarm?

Gesundes Blattwerk bei *Hosta* ist der Beweis für fehlende Schnecken.

Eigentlich traue ich dem Braten noch nicht. Ein grauer Sommer nach einem regnerischen Frühjahr – und wir haben keine Schnecken? Nichts, keine widerlichen Schleimer, die sich bis in die höchsten Taglilienblüten hangeln, um dort zu fressen, keine im Lerchensporn, der in den vergangenen Jahren Futterplatz und Tagversteck zugleich war? Was haben wir für Schneckenjahre hinter uns!

Im Frühjahr schon, wenn die ersten Narzissen aufblühten, wurde jede Blüte, die sich zu sehr dem Gras, in dem sie wuchsen, zuneigte, zerfressen. Kleine, fast nicht zu erkennende Nacktschnecken waren die Übeltäter. Höhepunkt war immer der Hochsommer, wenn an jeder erdenklichen Stelle des Gartens dicke, lange, rote, braune oder gefleckte Schnecken anzutreffen waren. Für uns gehörte der abendliche „Schneckengang" zum täglichen Geschäft.

Wir wollten unseren Garten nicht auffressen lassen und dabei tatenlos bleiben. Jeder von uns nahm sich ein kleines Gefäß, meist ein Wasserglas voll Salz, und jede sichtbare Schnecke wurde gesalzen! Schön war das nicht, aber die Wirkung trat sofort ein. Eine andere Methode war das Einsammeln der Schnecken mit einer Grillzange. Ein Fünflitereimer wurde dabei schon mal schnell halbvoll. Kochendes Wasser wurde darüber geschüttet – auch keine vornehme Methode, aber wir hatten immerhin das Gefühl, nicht wehrlos zu sein.
Die Schneckenplage wurde immer häufiger Thema Nr. 1 bei Gesprächen mit Gartenbesuchern. Die meisten wandten ähnliche Praktiken an wie wir. Milde gelächelt haben wir immer, wenn man uns erzählte, dass die eingesammelten Schnecken auf der anderen Straßenseite wieder ausgesetzt würden. Sicherlich sorgte diese Methode für ein gutes Gefühl – wie der Einsatz von Bierfallen. Die wollten wir nicht verwenden, denn auch in den umliegenden Wiesen waren Schnecken – und die Einladung zum Komasaufen würde sich nicht nur auf unsere Weichtiere beschränken. Schneckenkorn, ebenfalls mit Lockstoffen versehen, war uns suspekt, weil niemand eine Angabe darüber machen konnte, ob die vergifteten Schnecken nicht von Igeln gefressen werden. Unseren Igelbestand wollten wir keinesfalls gefährden, denn Igel sind eine große Hilfe bei der Schädlingsbekämpfung.
Am eindrucksvollsten war die Methode, von der uns eine Gartenbesucherin erzählte. Damenhaft zurückhaltend, ganz ihrem eleganten Outfit entsprechend, hatte sie sich an einer Diskussion über Gartenfragen beteiligt. Aber als wir das Thema „Schnecken“ berührten, kam eine gewisse Leidenschaftlichkeit ins Gespräch. „Wissen Sie“, erklärte sie uns, „ich sammle die Schnecken alle in Plastiktüten, jeden Abend. Die binde ich fest zu, lege sie vor das Auto und fahre mehrmals vor und wieder zurück!“ Weitere Fragen zu dieser Bekämpfungsmethode habe ich dann nicht mehr gestellt ...
Wie auch immer – die Plage schien kein Ende zu nehmen. Und in diesem Jahr – nichts! Oder so gut wie nichts. Jede gesichtete Schnecke ist ein Gesprächsthema im Haus. Vielleicht bisher zehn Exemplare, eher weniger. Einmal sah ich eine Nacktschnecke auf dem Weg zum Kompost. Ich hatte keine Schere zur Hand und verrichtete erst noch die begonnene Arbeit. Etwa zehn Minuten später, als ich die Waffe zur Hand hatte, war die Schnecke spur-

los verschwunden. Als ich am Abendbrottisch davon berichtete, wurde wie folgt kommentiert: „Ach – dem Pensionär ist eine Schnecke entwischt!“

Schneiden, Stutzen, Rupfen, Zupfen

Morgens, wenn ich die Zeitung aus dem Briefkasten hole, ist es schon spürbar: Der Sommer hat seinen Höhepunkt überschritten, und eine Ahnung von Herbst liegt in der Luft. Alles wächst. Wohlgemerkt: alles! Wenn im Frühjahr der Spaten mein wichtigstes Arbeitsgerät war, sind es jetzt die Scheren: Rosenschere, Astschere, Heckenschere.

Ein bisschen Abschied vom Sommer ist es, wenn jetzt der Lavendel geschnitten werden muss. Wir haben die kompakt wachsende Sorte 'Hidcote Blue‘ gepflanzt, die jetzt zurückgeschnitten wird, damit die Form erhalten bleibt. Der Rückschnitt wird so tief wie möglich, aber nicht bis ins verkahlte Holz, durchgeführt. Für ein paar Tage sieht es dann hässlich aus, aber schon im September sind die neuen graugrünen Austriebe ein schöner Anblick. Ich nehme mir jetzt etwas Zeit für einen sorgfältigen Rückschnitt, dann erübrigt sich ein weiteres Schneiden im Frühjahr.

Buxus – gut in Form

Jetzt ist auch die Zeit, die Eibenhecken zu stutzen. Das macht ein Fachmann – aber die drei großen Eibenpyramiden schneiden wir selbst. Früher machte ich das allein, und wenn die Leiter mal rutschte, konnte ich mich immer schnell abfangen. Heute bitte ich meinen Partner, die Leiter zu sichern, denn nicht nur die Eiben sind älter geworden … Die bodendeckenden Rosen 'Palmengarten Frankfurt‘ sind nach der ersten Blüte schon kräftig zurückgeschnitten und gedüngt worden, damit sie noch ein zweites Mal blühen. Wenn das Wetter mitspielt, blühen diese Rosen bis in die zweite Novemberhälfte. Die abgeblühten Taglilien (*Hemerocallis*) werden bodennah abgeschnitten und treiben dann innerhalb von wenigen Tagen neue Blattschöpfe, die wieder ansehnlich sind. Der Frauenmantel (*Alchemilla*) ist bereits zurückgeschnitten und treibt ebenfalls neue Blätter für das Herbstbild.

Nach dem Rückschnitt treibt der Lavendel bald wieder aus.

Auch der Zaunwinde rücke ich zu Leibe. Es ist erstaunlich, wo sie sich überall zu verstecken sucht, und ich muss unter die großen Rhododendronbüsche kriechen, um die Stellen zu finden, an denen sie aus dem Boden kommt. Mit spitzen Fingern zupfe ich auch die kleinen Sämlinge des Franzosenkrautes aus den Reihen der späten Bohnen. Wenn es zu groß wird, bildet es einen starken Wurzelballen, und beim Ausziehen sind dann die Bohnenpflänzchen gefährdet. Der Komposthaufen wird zum Kompostberg: Schubkarre um Schubkarre voll Biomasse wird aufgetürmt, und er erreicht eine Höhe von zwei Metern. Zwischendurch kommt eine gute Gabe Kalk dazu, und im Winter wird der Haufen zusammenfallen. Im nächsten Jahr werden Kürbisse darauf gepflanzt und danach steht der reife Kompost zur Bodenverbesserung zur Verfügung.

Schönheiten für einen Sommer

Interessante einjährige Blumen kann man selten im Handel bekommen. Sie müssen eingesät werden, aber von den Früchten dieser Arbeit zehrt man bis in den Herbst hinein. Wenn ich einen Spaziergang mache, fällt mir seit Jahren ein Garten im Nachbardorf auf. Er erinnert mich an die alten Gemüsegärten, die es früher an jedem Haus gab. In geraden Reihen stehen die Gemüsepflanzen, dazu gibt es viele Beete mit einjährigen Sommerblumen. Besonders an Spätsommertagen und im Herbst ist das ein Anblick, der fröhlich

Leuchtende Sommerblume: die Kosmee

Zinnie

macht. Die Erinnerung an Marktstände, die Blumensträuße mit Sommerblumen anbieten, kommt in mir hoch. Ich bleibe dann immer einen Augenblick stehen, um mich an diesem Bild zu erfreuen. Eine besonders skurrile Pflanze konnte ich nur durch Nachschlagen in einem alten Fachbuch bestimmen: Es ist der Hahnenkamm (*Celosia*), dessen Blüte an eine Bürste erinnert. Daneben ist ein ganzes Beet mit Zinnien in allen Sommerfarben ein prächtiger Anblick.

Ich hatte mir vorgenommen, mich im Ruhestand verstärkt um die „Einjährigen" zu bemühen. Auch unser Gemüsegarten sollte einen solchen Blumenschmuck bekommen. Zwar hatte ich schon früher Bechermalven und Kosmeen ausgesät, aber meist den richtigen Zeitpunkt zum Auspflanzen verpasst, weil gerade dann im Beruf besonders viel Arbeit anfiel. Das ist nun anders. In einer gelungenen Abfolge blühen seit Mai verschiedene Sommerblumen entlang der Gemüsebeete. Den Anfang machte der Sommerrittersporn in Rosa und Blau, dazu Marienglockenblumen. Diese wurden abgelöst durch Ringelblumen, Tausendschön und weiße Katzenohren (*Lychnis*). Jetzt sind es Zinnien, Kosmeen, Fuchsschwänze und die mexikanische Sonnenblume (*Tithonia rotundifolia*), die bis in den Spätherbst immer neue Blüten treibt. Eine Reihe mit Edelwicken steht voll in Blüte, und ein Strauß davon auf unserem Esstisch verbreitet würzigen Duft. Ein ganzes Beet mit Sommerastern wird im September erblühen, und an den Rankhilfen zieht sich die

Elfenhaft zart: Edelwicken

Prachtwinde empor, die im September und Oktober viele lichtblaue Trichterblüten hervorbringt.
Ich nehme ein Gartenbuch aus dem Jahr 1928, das den Titel „Einjahresblumen" trägt, aus dem Regal. Ich habe es schon jahrelang nicht mehr in den Händen gehabt und bin erstaunt, welche Fülle von Pflanzen dort beschrieben werden. Allein das Namensregister umfasst sieben Seiten mit jeweils fünf Spalten. Die Beschreibungen der einzelnen Pflanzen enthalten auch Hinweise auf deren Geschichte. So wird die Ringelblume (*Calendula*) – eine alte Heilpflanze – als eine der ältesten Gartenpflanzen bezeichnet, die über die Klostergärten in die Bauerngärten kam. Von der Marienglockenblume erfährt man, dass sie in England „Canterbury Bells" genannt wird und in Frankreich den poetischen Namen „Violette de Marie" trägt. Unter dem Stichwort „Cannabis" wird eine einjährige Blattpflanze beschrieben, die sich zur Pflanzung von Hecken eignet. Nun, eine solche Hecke wäre heute wohl nicht nur vom Schneckenfraß bedroht. Ich ziehe es vor, mich durch den Anblick von Sommerblumen fröhlich stimmen zu lassen.

September

Ein letztes Aufbäumen gegen den Herbst und Winter – verschwenderisch blühende Astern in vielen Sorten bestimmen die Farbigkeit des Gartens. Dazu die Herbstzeitlosen in einem Farbton, der nicht rosa und nicht violett ist, sondern irgendwo dazwischen. Und auch wenn der September einen Spätsommer zulässt, sind die Tage doch schon merklich kürzer. Viele Schmetterlinge haben jetzt ihre Zeit, und funkelnde Admirale machen sich über die Pflaumen her. Der Gartenbesitzer wird aus seiner August-Lethargie gescheucht, denn neben der Obsternte ist es jetzt an der Zeit, viele Stauden zu teilen und neu zu pflanzen.

Sein oder Design

„Bei Euch müssen die Sachen immer alt sein“, war der Schlusssatz einer lieben alten Freundin zu einer kontroversen Diskussion über Design. Ich hatte die ketzerische These vertreten, dass modernes Design immer auch ein Massenprodukt sein müsse, weil es ja ums Verkaufen ginge. Nur über den Preis werde dem Käufer Exklusivität suggeriert, und er müsse deshalb möglichst hoch sein. Durch diesen Marketing-Trick sei sogar viel gutes Design zum Statussymbol verkommen. Zu Hause habe ich mich dann umgesehen: In unserer Wohnung gibt es wirklich überwiegend alte Einrichtungsgegenstände, und ganz selbstverständlich findet sich diese Tendenz auch im Garten wieder.

Steintröge, Steinböden, Sockel und Säulenfragmente – alles alt. Im Innenhof steht ein Pferdetrog aus rotem Buntsandstein. Er ist mit der Hand aus einem Stück gehauen und hat einen unregelmäßigen Rand, weil leichte Abrundungen offensichtlich durch den Hals der trinkenden Tiere entstanden sind. Dieser Trog dient uns als Wasserbecken für Gießwasser. Lange hatten wir nach einem solchen Stück gesucht und waren auch fündig geworden. Es gab im Raum Bad Godesberg Händler für alte Materialien, die solche Tröge anboten. Aber die Nähe zur damaligen Hauptstadt Bonn bestimmte auch die Höhe der Preise. Damit war die Sache für uns erledigt – zunächst. Dann entdeckten wir zufällig in den nördlichen Niederlanden einen ganzen Hof voller alter Steinmaterialien: Tröge in allen Formen und dazu Säulen, Sockel und Bodenplatten. Es war Anfang der 1990er Jahre, und ein niederländischer Gartengestalter hatte ganze Lastwagenladungen alten Materials aus Polen und dem Baltikum bezogen. Die Preise waren moderat und so kam der Pferdetrog zu uns. Unvergessen ist der Wintertag, an dem der Trog geliefert wurde und wir ihn auf Rundhölzern zu dritt bis in den Innenhof transportierten. So steht er hier nun seit 20 Jahren und erfüllt seine Funktion als Wasserspeicher. Er ist nicht gleichmäßig geformt, und die Spuren der Meißel, mit denen er bearbeitet wurde, haben ein unregelmäßiges Muster auf seinen Außenseiten hinterlassen. Aber er hat ein Flair, das kein Becken aus Beton, Stahl oder ein mit elektrischen Steinsägen exakt zugeschnittener Trog haben könnte. Man ahnt, dass er eine Geschichte hat, aber wir kennen nur seine Geschichte mit uns. Noch viele alte Steintröge und -elemente fanden im Lauf der Jahre zu uns. Sie ergänzen die Pflanzenwelt unseres Gartens mit ihrem stillen Charme, und im Winter treten sie in den Vordergrund.

Eine Terrasse als Bild: Sandsteinplatten, Grauwacke, Blaustein, Basaltstufen und Handmühlen aus Granit. In einigen Fugen wachsen Thymiansorten.

Ganz mutig waren wir im letzten Jahr. An der Südseite des Hauses haben wir aus fünf verschiedenen alten Steinmaterialien einen Terrassenbelag gestaltet, der zu einem Bild geworden ist. Große rote Sandsteinplatten, Grauwacke nach Lütticher Art geschlagen, Blaustein aus dem Mittelalter, Basaltstufen und jahrhundertealte Handmühlen aus Granit sind zu einem Bodenbelag arrangiert worden. In einigen Fugen wachsen kriechende Thymiansorten. Alles in allem eine überzeugende Gesamtkonzeption, für die wir etwa acht Jahre lang das Material zusammengetragen haben – und jedes Mal mit einer anderen Geschichte. Aber modernes Design gibt es auch bei uns: Noch vor Kurzem habe ich in einem schicken Küchenstudio einen roten trendigen Mülleimer zu einem überzogenen Preis gekauft. Er passt hervorragend in unsere Küche und steht auf einem Keramikboden aus dem 18. Jahrhundert.

Englische Vorbilder

Der berühmte englische Garten von Sissinghurst Castle ist in ein Ruinengelände hinein angelegt. Dabei handelt es sich nicht um eine Kriegsruine, sondern um eine verfallene große Schlossanlage aus dem 15. und 16. Jahrhundert. Das war der Rahmen, den Vita Sackville-West und Harold Nicolson ab 1931 für ihren heute weltberühmten Garten nutzten.
Die Reste der Mauern blieben teilweise erhalten, und wo früher Hallen und Ballsäle gewesen waren, wurden Gartenräume angelegt, abgegrenzt und unterteilt von Mauerresten und Hecken. Einige Gebäude auf dem Gelände waren noch erhalten und wurden restauriert. Die Gartenräume sind farblich unterschiedlich bepflanzt, und auf Sissinghurst Castle entstand zum ersten Mal ein „weißer Garten", der in der Folgezeit besonders in Europa und Nordamerika kopiert wurde. Dort wurden auch wir zur Kom-

position farblich abgestimmter Gartenräume angeregt; bei uns waren die ersten der „weiße Garten“ und der „gelbe Hügel“.
Besonders beeindruckt waren wir von den alten Mauerresten. Sorgfältig und behutsam restauriert, bilden sie in diesem Garten den geschichtsträchtigen Hintergrund für Kletterrosen und *Clematis*. Für uns als Deutsche waren Ruinen bis dahin immer nur Kriegsruinen gewesen und somit fast ausschließlich mit unangenehmen Erinnerungen verbunden. In England aber sind sie in erster Linie Spuren der Geschichte, die man grundsätzlich positiv sieht und die entsprechend gepflegt werden. Man kann sie nicht künstlich herstellen – oder sie werden zur reinen Dekoration. Also haben wir uns entschieden, in unserem Garten altes Material grundsätzlich funktional einzusetzen.

Ein Garten wird niemals fertig

Die Existenzform des Gärtners ist eine besondere: Er lebt in zwei Zeiten. Gegenwart und Zukunft fallen bei ihm regelmäßig zusammen – und oft genug kommt auch noch die Vergangenheit dazu. Wenn ich durch unseren Garten gehe, erfreue ich mich (meistens jedenfalls) an dem Bild, das sich mir darbietet. Aber da Gartenbilder vergänglich sind, steigt auch immer das zukünftige Bild vor dem inneren Auge auf. Ein Garten ist eben nicht die Natur, die sich selbst überlassen ist, sondern er will immer wieder gestaltet werden. Und diese Gestaltung hört nie auf! Ein Garten ist deshalb niemals fertig, weil in ihm Pflanzen zusammengestellt sind, die sich in der Natur nie begegnen würden. So steht bei uns auf dem gelben Hügel eine aus Amerika stammende Mahonie hinter einem Wachsglöckchen (*Kirengeshoma*), aus Japan stammend, und dann noch die Wildform einer Pfingstrose (*Paeonia mlokosewitschii*) aus dem Kaukasus. Wenn ich auch mit dem gegenwärtigen Bild zufrieden bin, sehe ich doch, dass

die Mahonie sehr mächtig wird und die anderen Nachbarn niederkämpfen will. Also weiß ich, dass im Winter dort ein Eingriff nötig ist. Allerdings sind wir uns im Hause nicht einig, ob die Mahonie ganz weichen soll. Halbieren ist fast unmöglich, weil der Wurzelstock eine harte, kompakte Masse ist. Aber bis zu einer Entscheidung ist ja noch Zeit.

Anders bei den Iris: Die Pflanzzeit beginnt unmittelbar nach der Blüte, also Ende Juni. Auch bei den Iris hatte sich eine Sorte in dunkelvioletter Farbe zu stark entwickelt. Also habe ich die Pflanzen mit farbigem Band markiert, um sie jetzt aufzunehmen und an andere Stellen zu setzen. Ebenso war es bei den Taglilien: Von den starkwüchsigen Sorten gibt es zu viele, da müssen einige entfernt und durch andere ersetzt werden, soll das bisher bewährte Bild bleiben. Die beste Pflanzzeit für Taglilien ist jetzt der September. Das langsam hässlich werdende Laub kann über dem Boden abgeschnitten werden, und die Pflanzen bekommen einen anderen Standort. Bis zum Winter sind sie dann gut eingewurzelt und

Stille Schönheit: Herbstzeitlose

haben bis zur nächsten Blüte den Ortswechsel verkraftet. Auch für das Umpflanzen und Teilen der Pfingstrosen ist die zweite Septemberhälfte (bzw. Anfang Oktober) der beste Zeitpunkt. Bei den Herbstzeitlosen (*Colchicum autumnale*) fallen Pflanz- und Blütezeit zusammen. Die dicken Zwiebeln können im August und September noch in die Erde gegeben werden, wenn bereits die Blütenknospen erkennbar sind, und im Frühjahr entwickeln sie kräftiges Laub, das im Juni abstirbt.

Wie sehr der Gärtner immer im Voraus seine Gartenbilder planen muss, zeigt sich bei den Blumenzwiebeln. Gerade bei Tulpen wollen wir nicht durch Spontankäufe unerwünschte Farbmischungen haben, sondern pflanzen sie seit Jahren in ganz bestimmten Kombinationen, die sich bewährt haben. So ergibt sich durch Judaspfennig (*Lunaria*) zusammen mit fast schwarzen Tulpen ('Queen of Night') ein ideales Bild im Purpurgarten. Daneben gibt es Bereiche, die uns zum Experimentieren mit neuen Sorten herausfordern. Ich greife dann auf Notizen zurück, die ich regelmäßig mache, um keine Fehler zu wiederholen.

Das alles klingt nach viel Arbeit, aber für mich ist das Kreativität, die Körper und Geist herausfordert. Die Gefahr, zum Couch-Potato zu werden, ist für den Gärtner eher gering. Er ist der aufmerksame und kritische Beobachter seines Gartenreiches und genießt die Gartenbilder, die er sieht, und auch die, die er für die Zukunft im Kopf hat.

Gärtner sind Optimisten

Jeder Gärtner ist ein zutiefst optimistischer Mensch: Während der Sommer zu Ende geht und die meisten Blüten schon vergangen sind, sammelt er Samen. Er verharrt nicht im Bedauern über das Ende eines großartigen Sommers, sondern er hat schon das nächste Gartenjahr vor Augen. Jede verblühte Pflanze – wenn sie nicht zu den sterilen Neuzüchtungen gehört – produziert Samenstände für die Vermehrung. Für die Pflanzenwelt gilt, dass in jedem Ende ein Neubeginn liegt. Der Gärtner lebt in dieser Pflanzenwelt und nimmt daran teil.
Das Angebot von Samen in unserem Garten ist riesig, aber ich sammle nur gezielt von bestimmten Pflanzen. Dazu gehört der weiße Silbertaler oder Judaspfennig (*Lunaria*) – ich habe im deutschsprachigen Raum noch nie Samen von Silbertalern unter den angebotenen Sämereien gefunden.

Es gibt jedes Jahr Gartenbesucher, die um Samen von den weißen Judaspfennigen bitten, und ich erfülle ihre Wünsche gern. Da geht auch schon mal ein Umschlag, gefüllt mit Samen, nach Augsburg. In erster Linie aber sammle ich Samen für unseren Bedarf. Viele Einjährige sind darunter: Sommerrittersporn, Tausendschön, Katzenohren (*Lychnis*) in Weiß und Violett und die kräftig gefüllten Mohnarten. Eigentlich ist das überflüssig, denn diese Pflanzen versamen sich von selbst, und ich hätte eigentlich genug Jungpflanzen, wenn ich alle Sämlinge, die in den Wegen und an den Beeträndern keimen, auspflanzen würde. Aber die Samen sind eine Art Rückversicherung für den Fall, dass nicht genügend Sämlinge zu finden sind. Anders ist das bei den Stauden, zum Beispiel beim Brennenden Busch (*Dictamnus*), auch „Diptam" genannt. Das ist eine Staude mit weißen oder rosa Rispenblüten und einem würzigen, starken Duft. Ihren volkstümlichen Namen hat die Pflanze von den Samenständen, deren ätherische Öle an warmen Sommertagen beim Anfassen Hautreizungen verursachen können. Unsere Pflanzen sind schon viele Jahre alt, und da ich nicht weiß, welche Lebensdauer sie haben, möchte ich Jungpflanzen heranziehen. Die im Handel erworbenen Pflanzen wuchsen bei uns nicht – hier zeigt sich ein grundsätzliches Problem bei der Pflanzenproduktion: Viele Betriebe ziehen ihre Jungpflanzen in einem Einheitssubstrat mit viel Dünger heran, damit sie verkaufsfähig sind. Nur überleben diese dann das Einwurzeln in die Erde nicht. Ein auf Stauden spezialisierter Hobbygärtner, der seit vielen Jahren die Staudenrabatte im Romberg-Park in Dortmund betreut, empfiehlt, grundsätzlich das Wurzelwerk der Jungpflanzen aus-

Samen des Silbertalers

Naturkunst: Mohnkapseln

zuwaschen, um sie dann in richtiger Erde einzupflanzen. Ich weiß von Gärtnereien, die ihre Pflanzen in Erdmischungen kultivieren und nicht in Substraten produzieren. Das dauert länger, und die Pflanzen sind daher erheblich teurer. Also versuche ich ganz gezielt, einzelne Stauden durch Samen selbst zu vermehren.

Die Samenstände der Pfingstrose *Paeonia mlokosewitschii*: dicke, schwarz glänzende fruchtbare Samenkörner neben grellroten unfruchtbaren

Fundstücke

Als wir noch im Pfarrhaus in Moyland wohnten, nahm ich als Abkürzung immer einen Weg zur Kirche, der am Abfallhaufen des Friedhofs vorbeiführte. Es mag 20 Jahre her sein, dass mir dort ein Rhododendron ins Auge fiel, der einfach weggeworfen worden war. Da es sich um eine besondere Sorte – eine *Yakushimanum*-Hybride – handelte, konnte ich das kaum fassen. Ich wusste, von welchem Grab der Rhododendron entfernt worden war, rief in dem entsprechenden Haus an und fragte, ob dieser Rhododendron wirklich für den Müllhaufen gedacht war. „Der ist doch krank und hat so hässliche Blätter. Mit dem können Sie auch nichts mehr anfangen!", war die Antwort. Nun muss man wissen, dass diese Sorte etwas schmalere Blätter hat, weil sie der Wildform noch nahe ist, und auf der Unterseite der Blätter einen filzigen Belag aufweist, entweder in Silbergrau oder Rotbraun. Dies gilt unter Kennern als besondere Zierde, aber davon war der Person, die ihn weggeworfen hatte, wohl nichts bekannt. Ich sah es nicht als meine Aufgabe an, hier Aufklärungsarbeit zu leisten, und rettete den Strauch für unseren Garten.

In der Folgezeit habe ich regelmäßig den Friedhofsabfall kontrolliert. Es ist unglaublich, was alles von den Gräbern weggeworfen wird. Ich verstehe, dass Gehölze für die Grabbepflanzung zu groß werden. Aber dann kann man sie immer noch in den eigenen Garten übernehmen – soweit vorhanden. Es gibt einen mangelnden Respekt vor der Pflanzenwelt, der nicht nur auf dem Friedhofsabfall festzustellen ist. Gerade die kleineren Gehölze wachsen oft nur sehr langsam. Für mich entfalten sie erst nach Jahren ihre eigentliche Schönheit, und ich bin immer entsetzt über den gedankenlosen Umgang mit Pflanzen, den man auf dem Friedhof beobachten kann.

Gerettet: eine Schirmtanne (*Sciadopitys verticillata*)

Jedenfalls habe ich dort immer wieder schöne Gehölze „gerettet“, besonders im Herbst oder im Frühling: Azaleen, Rhododendren, Skimmien und Buchsbäume waren es meist. Nicht alles wuchs an, trotz erfolgten Rückschnitts. Manchmal waren die Wurzeln brutal abgestochen worden und es gab keine Überlebenschance. Schöne große Buchsbaumpflanzen, meist mit Formschnitt, waren darunter. Nur vier Kilometer weiter, in einer Gärtnerei, hätte man dafür richtig viel Geld bezahlen müssen.

Erst vor wenigen Wochen fand ich eine außergewöhnliche Kiefer auf dem Abfallhaufen. Nun gehören Koniferen nicht zu meinen Lieblingen. Sie blühen kaum wahrnehmbar und sind nur dauerhaft grün. Ihre einzige Veränderung besteht im Wachstum. Nun lag da aber eine Kiefernart, die durch ihre ungewöhnliche Nadelform und ihren strengen pyramidalen Aufbau ins Auge fiel. Es war sofort klar, dass es eine botanische Besonderheit war, die ich nicht liegen lassen konnte. Inzwischen weiß ich, dass es eine „Schirmtanne“ (*Sciadopitys verticillata*) ist, eine aus Japan stammende Kiefernart. Ich habe sie zunächst in einen großen Plastiktopf gepflanzt und muss abwarten, ob sie weiter wachsen wird. Sie ist so ungewöhnlich, dass es vielleicht eine Möglichkeit ist, sie in einem Topf an einer besonderen Stelle zu platzieren. Eine Integration in einem unserer Gartenbereiche scheint nicht so ohne Weiteres möglich. Aber vielleicht findet sich doch noch ein passender Platz. Hauptsache, diese Pflanze ist erst einmal gerettet. Und ich werde auch weiter regelmäßig den Friedhofsabfall inspizieren. Der Rhododendron *Yakushimanum* von vor 20 Jahren ist jedenfalls zu einem Prachtexemplar von anderthalb Metern Höhe und Breite herangewachsen – und wird von Kennern bewundert!

Es grünt so grün

Mich fasziniert die Farbe Grün. Von unseren vielen Gartenreisen sind uns zwei „grüne Gärten" in besonderer Erinnerung. Der eine ist der Garten des Schlosses Clausholm in Dänemark. In einem Teil des Barockgartens bildeten keine Rasenflächen, sondern von Efeu

überwachsene Beete das Zentrum. Geschnittene Eiben und *Buxus* ergänzten das Bild, und in der Mitte gab es eine Wasserachse mit einem Brunnen. Im Gartensaal des Schlosses, von dem der Blick auf diesen Gartenbereich fiel, wiederholten sich die Grüntöne in der Wandbespannung, und große Spiegel mit Goldrahmen vervielfältigten den Eindruck. Die Fenstertüren waren geöffnet, und wenn man in der Mitte des Raumes stand, wurden der Saal und der Garten zur Einheit von Grüntönen in allen denkbaren Nuancen. Einen anderen „grünen Garten" entdeckten wir am Rand der französischen Stadt Auxerre. Es war der größere Vorgarten einer Notariatsvilla aus der ersten Hälfte des 19. Jahrhunderts. Rechts und links eines Mittelweges, der zum Hauseingang führte, lagen efeuüberrankte Beete, flankiert von Buchspyramiden. Gusseiserne Vasen markierten die Mitte der beiden Beete. Dieser Garten war leicht verwildert und hatte den melancholischen Charme einer spürbar untergegangenen Zeit. Ähnliche Bilder sind nur noch in Werken der großen französischen Maler des 19. Jahrhunderts zu finden. Immer, wenn wir bei unseren jährlichen Burgund-Reisen in der Nähe waren, warfen wir einen Blick auf diesen Garten. Irgendwann war das Haus renoviert, ein messingglänzendes Firmenschild neben der Haustür angebracht – und der Garten planiert und zu einem Parkplatz gemacht geworden. Die Eindrücke dieser beiden Gärten sind geblieben. Eine direkte Umsetzung dieser Vorbilder war allerdings ausgeschlossen, denn für eine niederrheinische Bauernkate wäre das nicht angemessen gewesen. Aber die Gestaltung mit Blattfarben ging mir nie aus dem Kopf. Unser „weißer Garten" liegt versteckt hinter dem Haus, und wenn die Narzissen und Tulpen verblüht sind, die Rhododendron- und Rosenzeit vergangen ist, dann treten die Grüntöne der Blätter in den Vordergrund. Der kleine, etwa anderthalb Meter hohe Hang ist dann ein guter Platz, um verschiedene Pflanzen im Hinblick auf die Blattstrukturen zu kombinieren. Dabei wurden auch weißgrüne Blätter mit einbezogen. Es galt dabei aber, einige Schwierigkeiten zu bewältigen. Dieser Hang ist mit

Polster aus *Dianthus* und Chrysanthemen

Findlingen unterschiedlicher Größe befestigt und liegt nach Süden hin. Die großen Gehölze oberhalb des Hangs durchwurzeln einen Teil der Erde und entziehen ihr viel Feuchtigkeit, sodass es hier schnell sehr trocken wird. Im Laufe der Zeit stellte sich heraus, dass viele Pflanzen hier nicht wachsen konnten. Als äußerst robust und genügsam erweisen sich indes die *Hosta* (Funkien). Inzwischen gibt es aber viele unterschiedliche Züchtungen, womit wir gestalten können. Strauchförmiger Efeu, weißblühende Ber-

Besonders schöne Blattstruktur: *Kirengeshoma*

genien und Kleingehölze mit grünweißem Laub bringen die notwendige Abwechslung ins Bild. Gerne hätte ich noch etwas graues Blattwerk dazu gepflanzt und dafür auf eine Sorte aus der großen Palette der Eberrauten zurückgegriffen. Aber keine der graulaubigen Sorten wächst in unserem Boden. Alle Versuche, auch an anderen Standorten, sind gescheitert, denn sie mögen unseren kalkarmen, sauren Sandboden nicht. Pflanzen haben ihre speziellen Ansprüche – und man kann mit ihnen noch lange nicht alles machen, was man will!

Oktober

Im Oktober ist es eindeutig Herbst, auch wenn milde, fast sommerliche Tage eingestreut sind. Die Blätter färben sich, Äpfel und Birnen haben ihre große Zeit, und im Gemüsegarten werden die ersten Beete kahl, weil alles abgeerntet ist. In diesen vier Wochen nimmt die Natur wieder Fahrt auf, und es passiert so viel im Garten, dass zwischen Monatsanfang und -ende gefühlt mehr als 31 Tage liegen. Es können schon erste Fröste auftreten und den Gartenbesitzer zwingen, die Kübelpflanzen ins Winterquartier zu bringen. Und die Dahlien, die mit voller Blütenpracht noch über das Ende des Gartenjahres hinwegzutäuschen suchen, können sich in einer einzigen Frostnacht in eine leicht stinkende, kompostreife Biomasse verwandeln.

Fliegende Juwelen

Gegen Abend des vorletzten Septembertages: Plötzlich ist der Himmel über unserem Garten voller Schwalben. Mehr als 100 fliegen in heftigem Zickzack über uns hinweg – eine beeindruckende Flugshow. Erstaunlich die Geschwindigkeit, und gestaffelt in mehreren Etagen weben sie ein Muster in den Himmel. Dazu lustiges Zwitschern, sodass ich an eine Schulklasse erinnert werde, die vor dem Aufbruch zu einer Klassenfahrt aufgeregt auf den Bus wartet. Es ist auch bei den Schwalben ein Aufbruch – der in den Süden, und sie geben noch eine Abschiedsvorstellung ihrer Flugkünste. Der eigentliche Grund werden die Mücken und Insekten über unseren Gartenteichen sein, die sie sich noch als Proviant mitnehmen. Und am nächsten Tag sind sie fort …

Geblieben sind andere Flieger: die Schmetterlinge. Sie flattern in großer Zahl über den Astern in den verschiedenen Gartenräumen. Ende September, Anfang Oktober ist besonders zahlreich der Admiral vertreten, der in der Sonne zu funkeln scheint. Man kann sich dabei gut einen Flottenführer in Ausgehuniform und vollem Ordensschmuck vorstellen. Nicht minder prächtig ist das Pfauenauge; auch dieser Schmetterling ist bei uns stark vertreten. Dazwischen mischen sich noch der Distelfalter und der Kleine Fuchs. Schmetterlinge haben ja teilweise kuriose Namen, wie „Landkärtchen“ oder „Taubenschwänzchen“. Erst seit uns Prof. Wilfried Stichmann bei einem Gartenbesuch den von ihm und seiner Frau verfassten Naturführer „Tiere und Pflanzen“ überreicht hat, sind wir in der Lage, die Flugkünstler in unserem Garten zu benennen. Die ausgezeichneten Bilder machen die Bestimmung leicht, und das Buch liegt im Sommer immer griffbereit. So wissen wir, dass auch der Kaisermantel, der Gemeine Scheckenfalter, der Dukatenfalter und verschiedene Bläulinge den Luftraum über unserem Garten beleben. Kein Bestimmungsbuch brauche ich allerdings für den Kohlweißling, der mich leider viel zu zahlreich – vom Frühling bis

Raupen des Schwalbenschwanzes

zum Herbst – mit seinem fahlen Weiß mehr ärgert als erfreut. Sobald ich Ende März, Anfang April die ersten Kohlpflanzen ausgesetzt habe, werden sie schon nach ein bis zwei Stunden von den Kohlweißlingen umschwirrt. Ganz schnell muss ich dann die Kohlpflanzen mit einem Vlies abdecken, damit die Raupen dieser Schmetterlinge später nicht den Kohl auffressen oder sich im Blumenkohl festsetzen.

Ein ganz besonderer Flugkünstler unter den Schmetterlingen ist das Taubenschwänzchen. Vom Körperbau her eher plump, machen es seine dazu unproportional kleinen Flügel nicht gerade zu einer Schönheit. Aber als Flugkünstler ist es unübertroffen. Mit rasend schnellem Flügelschlag „steht" es in der Luft und saugt mit seinem Rüssel die Nahrung aus den Blüten. Es kann sogar rückwärts fliegen!

Aber zu jedem Schmetterling gehört leider auch eine Raupe. Fast erschrocken war ich, als ich in diesem Spätsommer eine Raupe des Mittleren Weinschwärmers im Garten fand. Eine gewaltige, fast zeigefingerdicke Raupe, die an der Kopfseite zwei Paar unheimlich wirkender Augenflecken besitzt und am anderen Ende einen bedrohlich wirkenden Sporn aufrichtet.

Hübsch sind dagegen die Raupen unseres edelsten Falters, des Schwalbenschwanzes. Der Schmetterling selbst ist das Schönste, das aus dieser Flattergesellschaft in unserem Garten anzutreffen ist. Leider sind es jedes Jahr im Juli und August meist nur zwei oder drei Exemplare, die an Hochsommertagen zu sehen sind. Im letzten Jahr entdeckten wir jedoch in den Möhren eine Vielzahl von Raupen: neon-grün ihre Grundfarbe, dazu schwarz geringelt mit orangefarbenen Flecken. Das sind die Raupen des Schwalbenschwanzes. Sie dürfen fressen, tagelang und ohne Unterbrechung. Entsprechend wachsen sie heran und werden immer prächtiger – und unsere Möhren immer kahler. Gern lassen wir das zu und hoffen auf viele Schwalbenschwänze im nächsten Jahr!

Dahlien sind schön

Dahlien waren eigentlich nie mein Ding, und lange habe ich sie ignoriert. Früher fielen sie mir immer nur durch ihre aufdringlichen Farben auf: wenn grelles Rot auf giftiges Gelb traf. Das war mir immer zu schrill, und viele Blüten fand ich zu groß und zu bunt. Andere Sorten habe ich gar nicht wahrgenommen, und deshalb gab es in meinen ersten Gärten keine Dahlien.

Als wir dann mit der jetzigen Gartenanlage begannen, empfahl unsere Mentorin, Dahlien zu pflanzen. Die jungen Gehölze und

Stauden waren sehr klein, und die Zwischenräume sollten mit Dahlien gefüllt werden. Das habe ich auch brav gemacht. Wenn ich heute die ersten Fotos unseres „weißen Gartens" ansehe, blühen dort weiße Dahlien in verschiedenen Formen: Kaktusdahlien, Pompondahlien, Schmuckdahlien mit zarten violetten Spitzen. Aber sie sind alle verschwunden. Warum, weiß ich nicht mehr so genau. Ich kann mir schon die praktischen Gründe denken: Dahlien sind arbeitsintensiv. Sie müssen im April in die Erde und vor dem Frost wieder heraus. Sie müssen angebunden werden, denn sie sind haltlos. Man muss das Verblühte regelmäßig herausschneiden. Außerdem muss ein geeigneter Platz für die Überwinterung vorhanden sein. In diesen Anforderungen liegt der tiefere Grund für meine Dahlienignoranz. Es war einfach zu viel Pflegeaufwand mit ihnen verbunden, und in den Pflanzenkatalogen habe ich die Seiten mit den Dahlien jahrelang überblättert.

Aber vor drei Jahren rückten sie wieder in unser Blickfeld. Wir machten Urlaub am Bodensee, und der Weg von unserem Hotel oberhalb Lindaus führte an einem Dahlienfeld vorbei. Dort hatte ein Männerpaar über 700 verschiedene Dahlien gepflanzt und veranstaltete sogar „Dahlientage". Man konnte diese „Plantage" jederzeit besichtigen – und natürlich taten wir das auch. Mustergültig in Reih und Glied (was wir nicht mögen, aber praktisch ist) standen sie dort, mit Namensschildern versehen. Es gab Sorten, von denen ich mir eingestehen musste, dass ich sie gut fand. Dunkles Laub mit passender Blütenfarbe oder dunkle Stiele mit violetten, halbgefüllten Blüten. Aber eben „viel Arbeit". Wir sahen auf unserem Weg in die Stadt die Besitzer, wie sie regelmäßig die Pflanzen putzten.

Arbeit hatten wir ohne Dahlien schon genug, und so blieb es beim Gucken … bis sich einmal Lücken in der Bepflanzung ergaben, für die wir normalerweise Sommerblumen wie Kosmeen oder Zinnien bereithalten. Die waren aber noch sehr klein. Als ich dann bei einer Gartenbesichtigung im niederländischen Rosendorf Lottum auf einen Hobbygärtner stieß, der blühende Dahlien in Plastiktöpfen zum Verkauf anbot, dachte ich an die Lücken in den Beeten und meinen absehbaren Ruhestand – und lud den Kofferraum voll. Die Lücken waren bis zum Herbst mit unermüdlich blühenden Dahlien gefüllt. Allerdings: Im „weißen Garten“ klappte es nicht mehr, weil die Sträucher und Hecken groß geworden waren und zu viel Schatten warfen. Die weißen Dahlien mickerten, sie sind nun einmal die Sonnenkinder Mexikos!

Alpenveilchen am Niederrhein

Jeden Morgen auf dem Weg vom Schlafzimmer zur Küche fällt mein Blick auf einen Kubikmeter strahlendes Blau. Es sind die Herbstastern an der Südseite des Hauses, die sich lange zurückgehalten haben, jetzt aber zur Höchstform auflaufen. Mit diesem Anblick ist das Stimmungsbarometer für den neuen Tag schon in

Richtung „Hoch“ geklettert. Das steigert sich noch beim morgendlichen Rundgang. Alles, was sich bisher zurückgehalten hat, ist jetzt da. Die kleinen wilden Alpenveilchen hatte ich schon abgeschrieben und befürchtet, dass sie den Wühlmäusen zum Opfer gefallen seien. Aber jetzt sind sie, die sonst spätestens Ende August ihre zarten Blüten zeigen, doch noch gekommen. Wir lieben die einfache, herbstblühende Art mit dem botanischen Namen *Cyclamen hederifolium* (sie werden also als efeublättrig beschrieben). Tatsächlich ist nicht nur die Blüte schön, sondern auch das kräftig sprießende Laub ist eine Zierde und erinnert an Efeublätter. Diese Blätter halten oft bis zum Frühjahr.

Unsere Liebe zu den Alpenveilchen wurde in Burgund geweckt. Zu unseren regelmäßigen Tagesausflügen gehört der Besuch eines kleinen Schlosses – genaugenommen drücken wir unsere Nasen durch die Gitterstäbe des geschlossenen Eingangstores. Dahinter erstrecken sich rechts und links der Einfahrt ganze Teppiche aus Alpenveilchen. Beide Flächen sind etwa je 200 Quadratmeter groß und vollkommen bedeckt mit Blüten in Weiß und Rosa. Darunter verschwinden die Blätter, und über den Blütenteppichen liegt eine zarte Veilchenduftwolke, die bis in unsere Nasen dringt. Wir erfuhren, dass die Eigentümer sich nur im Juli in diesem Schloss aufhalten. Also … ich würde dort „Alpenveilchen-Ferien“ machen.

Leuchtendes Beispiel: Pracht-Herbstkrokus

Natürlich wollten wir in unserem Garten auch Alpenveilchen haben. Allerdings war klar, dass wir eine solche Fülle nie erreichen würden, denn uns fehlt der entsprechende Boden. Mit regelmäßigen Kalkgaben haben wir bisher eine kleine Gruppe ansiedeln können. Sie versamen sich auch, aber sie sind eigenwillig, und die Sämlinge suchen sich die erstaunlichsten Plätze. Und sie mögen es gar nicht, umgepflanzt zu werden. Durch die Verlegung unseres Hauseingangs ergab sich die Möglichkeit, auf etwa 40 Quadratmetern beschatteter Fläche mit Wurzeldruck den Alpenveilchen einen Platz zu geben. Wir wissen, dass wir viel Geduld aufbringen müssen. Von den im Herbst gepflanzten Knollen ist nur etwa ein Drittel wiedergekommen. Also haben wir nachgepflanzt, denn zu den Gärtnertugenden gehören bekanntlich Geduld und Ausdauer.
Auch ein anderer Herbstblüher ist eigenwillig: der Herbstkrokus. Viele Menschen wissen gar nicht, dass es ausgesprochen reizvolle Krokusarten gibt, die im Herbst blühen. Unser Blumenzwiebellieferant bietet 16 Sorten an. Wir schätzen vor allem den Pracht-Herbstkrokus (*Crocus speciosus*), der glücklicherweise zu den preiswerten im Angebot zählt. Lange haben wir schon keine neuen Zwiebeln mehr gepflanzt und freuen uns, dass sie sich langsam vermehren. Dabei suchen sie sich Standorte, die uns seltsam

vorkommen: Ein Pulk breitet sich z. B. auf einem unserer Hauptwege aus, der einen Unterbau aus Mineralasche hat und mit Rindenmulch belegt ist. Außerdem gehen im Frühjahr und Sommer alle Gartenbesucher über diesen Hauptweg – und ausgerechnet dort vermehren sich diese Pflanzen besonders gut. In diesem Jahr finden wir aber auch einzelne Blüten an verschiedenen Ecken des Gartens, oft weit entfernt vom ursprünglichen Standort. Es wäre schön, wenn sich diese Entwicklung fortsetzen würde. An der Südseite des Hauses, im „Blauen Garten", haben wir vor Jahren Hunderte Zwiebelchen vergraben. Eigentlich sollten sie für einen zarten blauen Blütenflor am Boden sorgen, nur – sie wollen nicht. Auch hier gilt: Geduld ist die höchste Tugend des Gärtners.

Winterquartier

Frost – die Kübelpflanzen müssen ins Winterquartier. Eine oder zwei Frostnächte richten noch keinen wirklichen Schaden an, aber es ist Vorsicht geboten. Während meiner Berufstätigkeit war es immer ein Warten bis zum letzten Augenblick, und dann mussten holterdiepolter vor einer harten Frostnacht noch schnell alle gefährdeten Pflanzen ins Warme gebracht werden. Die Töpfe standen in der Diele und im Flur und überall im Weg herum, und es dauerte Tage, bis alle ordnungsgemäß ihren Überwinterungsplatz erhalten hatten.

Jetzt genieße ich es, richtig nach Plan vorzugehen: Als Erstes kommt unser „dicker Spanier" in den Keller. Dabei handelt es sich nicht um eine Pflanze, sondern eine große Amphore aus porösem Ton, die sehr dünnwandig ist. Da dieser Ton im Herbst viel Feuchtigkeit aufnimmt, ist das Gefäß besonders frostempfindlich. Die Amphore hat mehr als 150 Jahre unter spanischer Sonne überlebt, und wir achten darauf, dass sie auch in unseren kühlen Breitengraden keinen Schaden nimmt. Dann folgen die Geranientöpfe. Auch hier ist Handlungsbedarf, ebenso wie bei den Dahlien und den

Fuchsien. Ihr Winterquartier in unserem kühlen, trockenen Keller ist vorbereitet, und ich kann sie in Ruhe zurückschneiden und hinuntertragen. Nach unseren Erfahrungen überwintern sie in diesem Raum mit einem Ostfenster am besten. Für die Dahlien sind laminierte Fotos vorbereitet, die nun zu jeder Sorte in die jeweilige Kiste gegeben werden können. Früher waren es Namenszettel, bei denen ich dann im Frühjahr nicht mehr sicher wusste, welche Farbe sich hinter den oft phantastischen Namen verbarg. Um dann im Katalog nachzuschauen, fehlten meist Zeit und Geduld.

Schönmalve (*Abutilon*)

Keinerlei Frostschäden zeigen die Lorbeerbüsche. Unter ihnen befindet sich ein Exemplar, das wir vor genau 30 Jahren von einer damals verstorbenen Gartenfreundin geerbt haben. Diesen Lorbeer hegen wir ganz besonders, und in den letzten zwei Jahren haben wir ihn vorsichtig verjüngt. Jetzt ist er wieder fantastisch gut in Form und der Senior unter unseren Kübelpflanzen. Hortensien, Lorbeer, *Abutilon* und *Agapanthus* überwintern wir in unserem Gartenhaus. Dort kann bei Bedarf geheizt werden, sodass wir keine Frostausfälle haben. Weil der Platz begrenzt ist, stehen die Pflanzen aber sehr dicht. Da einige Pflanzen ihre Blätter behalten, ist die Luftfeuchtigkeit hoch, und es kommt leicht zu Schimmelbildung. Deshalb warten wir noch mit dem Einräumen, bis es gar nicht mehr zu vermeiden ist.

Unsere Fuchsienterrasse ist, bis auf eine herbstblühende Kamelie, komplett abgeräumt. Sie ist jetzt der konkurrenzlose Blickfang, und ihre ungefüllten zartrosa Blüten werden täglich mehr. Wenn es noch länger frostfrei bleibt, werden sich die zahlreichen

Knospen öffnen. Sie kann unter günstigen Bedingungen bis weit in den Dezember blühen. Aber dann muss auch sie ins Winterquartier.

Der Vorkoster

In diesen Oktobertagen gibt es einen letzten Erntehöhepunkt: Die Obstbäume liefern Äpfel, Birnen, Quitten und Zwetschgen. Jeder Windstoß schüttelt Esskastanien und Walnüsse auf den Boden. Aus dem Gemüsegarten kommen der Kürbis und die letzten Bohnen. Alles wandert auf direktem Wege in die Küche und wird dort verarbeitet.

Mein Partner hat sich zum Marmelade-Spezialisten entwickelt, und die Früchte des Gartens wird man demnächst aus dem Glas genießen können. Alles muss probiert werden, und alles ist köstlich – Quittengelee, Pflaumenmus und Zitronen-Marmelade, Pflaumenmarmelade mit Rotwein, mit Sternanis (für die Weihnachtsbäckerei), Quittenmarmelade mit Orangen oder Zitronen, Birnen mit Ingwer und als große Besonderheit: Marmelade aus *Cornus*-Früchten. Pfirsichmarmelade gehört zu seinen Spitzenerzeugnissen, aber leider ist die Pfirsichernte bei uns manchmal nur für wenige Gläser ausreichend. Dafür haben wir genug rote Früchte von den *Cornus* (Hartriegel). Es ist noch wenig bekannt, wie schmackhaft diese dekorativen Früchte sind. Ich muss immer wieder den Vorkoster spielen, um Besuchern zu demonstrieren, dass sie nicht giftig sind und ausgezeichnet schmecken. Die Marmelade daraus hat einen frischen Fruchtgeschmack, der auch nach Monaten erhalten bleibt. Bohnen werden nach alter Art in Weckgläsern eingekocht, auch ein großer Teil der Pflaumen und Zwetschgen wird so konserviert. Apfel-

Früchte des Hartriegels

mus dagegen kommt in die Tiefkühltruhe. Landleben pur. Dieser jährliche Erntehöhepunkt und die Verarbeitung der Gartenerträge im Herbst verbreiten eine besondere Atmosphäre und sind für uns die positive Einstimmung auf die Wintermonate. Wir bergen die Schätze des Sommers für den Winter und sind zufrieden, wenn sich die Regale im Keller mit Gläsern füllen und die Gefriergeräte ausgenutzt sind. Vielleicht liegt das daran, dass wir in unserer Kindheit noch erlebt haben, wie die Eltern die Wintervorräte anlegten. Übrigens: Für Kochsendungen im Fernsehen haben wir deshalb auch keine Zeit.

November

Jetzt wird es höchste Zeit, an den Frühling zu denken. Wirklich. Denn wer in diesem Monat keine Tulpen pflanzt, hat im Frühjahr keine Blüte. Alle Frühlingsblüher müssen in die Erde. Für die Narzissen wäre Ende September/Anfang Oktober die beste Pflanzzeit, aber im November geht es auch noch. Der Gemüsegarten wird geräumt; Sellerie, Möhren und Rote Bete kommen in die Sandkiste. Dort bleiben sie, im kühlen Keller eingelagert, noch einige Zeit frisch. Trotzig blühen noch letzte Rosen, bis ihnen der Frost zeigt, von welcher Art der November ist – und auch ihre Farben nun endgültig verblassen.

Der Frühling beginnt im Herbst

Vor einiger Zeit besuchte ich in Kleve das erweiterte Kurhausmuseum. Dort traf ich auf eine mir bekannte Familie mit ihren kleinen Kindern. Gemeinsam standen wir in den Räumen des Beuys-Ateliers etwas hilflos vor den Vitrinen. Die ordentlich unter Glas aufgereihten Materialien vermittelten uns keine kreative Atelier-Atmosphäre, sondern eher Sauberkeits- und Ordnungssinn. Wir Erwachsenen machten einige lästerliche Bemerkungen über das gespannte Verhältnis von Beuys'scher Kunst und Reinigungskräften, die jetzt wohl eindeutig gesiegt hätten. Da mischte sich der Älteste aus der Kinderschar ein und zeigte auf eine Vitrine mit der Bemerkung: „Aus all den Sachen da könnten Bilder werden!" Wow, so einen vorurteilsfreien Blick können nur Kinder haben!

Warum erzähle ich davon? So, wie der elfjährige Fynn die Materialien in der Museumsvitrine als mögliche Bilder sah, so sehe ich die Tulpenzwiebeln: Jetzt, im November, pflanzen wir den Frühling. Die kleinen Zwiebeln enthalten ein gewaltiges Programm an Farbe und Formen. Die Farbpalette reicht von Weiß in allen Nuancen über das ganze Spektrum des Regenbogens. Auch die Fülle der Formen reicht von klassisch bis verspielt und skurril. Uns macht es immer wieder Spaß, durch gezielte Auswahl der Sorten bestimmte Frühlingsbilder zu gestalten. Es gibt kaum eine andere Pflanzengattung, mit der man das so präzise machen kann wie mit Tulpen. Allerdings hat die Sache einen Haken: Unsere Liebe zu Tulpen teilen wir mit den Wühlmäu-

sen. Die haben Tulpen zum Fressen gern – und zwar vor der Blüte. Die im Handel angebotenen Pflanzschalen haben sich bei uns nicht bewährt. Sie sind zu flach, und die Wühlmäuse haben sie als Servierschalen angesehen und einfach leergeräumt. Unsere Lösung besteht in einfachen Plastiktöpfen mit Löchern für den Wasserabzug. In den ersten Jahren habe ich mir die Töpfe vom Friedhofsabfall geholt, jetzt kaufe ich sie gezielt nach Größe. Da hinein kommen, je nach Topfgröße, drei bis zwölf Tulpenzwiebeln. Die Töpfe werden mit Erde gefüllt und dann an der gewünschten Stelle im Beet versenkt. Das klingt nach viel Arbeit, aber es geht insgesamt viel schneller, als es sich anhört. Ich suche nicht mehr nach einer geeigneten Pflanzstelle, sondern hebe einfach den Topf vom Vorjahr aus der Erde und versenke den neuen. Natürlich heißt das, dass wir jedes Jahr neue Tulpen kaufen müssen. Aber wir haben keine andere Wahl: Ungeschützt werden die Tulpen gefressen. Und für eine zweite oder mehrjährige Blüte eignen sich die hochgezüchteten Tulpenzwiebeln kaum. Außerdem besteht ein weiterer Vorteil darin, dass die neuen Tulpen in den Töpfen frische Erde erhalten, denn man kann Tulpen nicht immer an dieselbe Stelle pflanzen. Ein Boden kann „tulpenmüde" werden, und der Austrieb im Frühling bekommt dann Pilzkrankheiten.

In einem weiteren Verfahren pflanzen wir Tulpen in große Terrakotta-Töpfe, dann aber in zwei Lagen. Unten in den Topf kommt zunächst Sand, dann Erde, darauf die erste Lage Tulpen, dann wieder Erde. Eine zweite Lage Tulpen wird noch mit fünf bis zehn Zentimetern Erde bedeckt. So erhalten wir üppig blühende Tulpentöpfe, die wir als Blickfang an besonderen Stellen im Garten platzieren. *Wer dieses Verfahren anwenden will, darf aber auf keinen Fall Kompost oder gedüngte Erde verwenden. Das lieben Tulpenzwiebeln nicht; sie verfaulen.* Seit zwölf Jahren gehen wir so vor und hatten nur in einem Winter einen Misserfolg. Mitte Oktober hat bei uns die Pflanzzeit für die Tulpen begonnen, und sie wird sich, bei 5.000 neuen Zwiebeln, noch über den ganzen November erstrecken. Dabei räumen wir gleichzeitig die Beete auf und haben lauter Frühlingsbilder im Kopf!

Efeu

Es gibt hartnäckige Vorurteile, die jeder Aufklärung und Information widerstehen. Das gilt nicht nur für das menschliche Miteinander, sondern auch für den Umgang mit Pflanzen. Efeu, zum Beispiel. Efeu zerstört keine Mauern und Efeu erwürgt auch keine Bäume. Das haben Fachleute schon vor Jahrzehnten publiziert. Im Gegenteil: Efeu schützt Mauern. Vor 20 Jahren wurden Fassadenbegrünungen als Isolierung propagiert, und Efeu gehörte in den Katalog der empfohlenen Pflanzen. „Doch was kümmert's die

Leute. All die neuen und nicht mehr ganz neuen Häuser stehen so nackt herum, als seien sie stolz auf ihre trostlosen Fassaden", schreibt Johannes Roth in seinem Buch „Gartenlust" zum Thema Efeu.

Wir mögen Efeu. Bei uns gibt es Efeu an der Hauswand, als Bodendecker und an einem abgestorbenen Kirschbaum, der durch Efeubewuchs zu einem Gestaltungselement geworden ist. Als sichtbar wurde, dass dieser Kirschbaum sein Höchstalter erreicht hatte, pflanzten wir an seinen Fuß Efeu, denn im Anfangsstadium wächst Efeu langsam. Als der Baum etwa drei Jahre später abstarb, fing der Efeu an zu klettern. Wir haben den Baum dann so zurechtschneiden lassen, dass die Astansätze von 60 bis 70 Zentimetern verblieben. Dann pflanzten wir eine Rambler-Rose mit dem Namen 'Wickwar' dazu. Nun ergibt sich ein schönes Bild, wenn diese Rose, die graugrünes Laub hat, weiß auf dem dunkelgrünen Untergrund des Efeus blüht. Jetzt, im Herbst, heben sich die Hagebutten ebenfalls gut hervor. Dabei hat auch Efeu sehenswerte Blüten, die aber erst nach fünf bis sechs Jahren kommen. Sie duften im Oktober sehr stark und ziehen die Bienen an. Und auch der Fruchtstand ist während des Winters eine Zierde. Ich benutze Efeu gern, um im Herbst Gestecke zu gestalten. Dabei wird

Efeu ergänzt von Hagebutten verschiedenster Art. Zur Aufhellung stecke ich ein paar Zweige weißgrünen *Ilex* dazu. Oder ich kombiniere Efeu mit einigen dunkelroten Rosen oder mit Dolden von *Sedum* (Fetthenne), manchmal auch mit beidem. Solche Gestecke können dann lange auf dem Terrassentisch vor dem Esszimmerfenster stehen.

Zum Schluss noch etwas aus der Geschichte des Efeus: Im gefühlvollen 19. Jahrhundert bekamen viele Blumen eine Bedeutung zugesprochen. Der immergrüne Efeu galt als Zeichen ewiger Freundschaft und Treue und wurde mit diesem Hintergrund zur beliebten Grabpflanze. Bei Kränzen aus Efeu wurden dann zwei symbolische Bedeutungen zusammengefasst: der Kranz als Symbol der Unendlichkeit bzw. Ewigkeit und Efeu für ewige Freundschaft und Treue. Als Napoleon von den Engländern 1815 auf die einsame Insel St. Helena im Südatlantik verbannt wurde, schuf die Porzellanmanufaktur Wedgwood für seinen Haushalt ein Geschirr mit Efeugirlanden, „Napoleon Ivy". Wenn Napoleon dann auf seinen Frühstücksteller sehen musste, wird er darin kaum ein Symbol für ewige Freundschaft oder Treue erkannt haben. Die Engländer wollten ihm wohl etwas anderes bedeuten – sie hatten eben schon immer einen rabenschwarzen Humor …

Herbststurm

Wenn ich sage, dass auch der Herbst seine Qualitäten hat, meine ich damit keinen Sturm mit Orkanböen. Ich denke dann eher an einen kräftigen Wind, der die Blätter vor sich hertreibt, und an einen Sonntagnachmittagsspaziergang mit Schal und hochgestelltem Kragen und die Rückkehr ins Haus ans lodernde Kaminfeuer zum äußerlichen und heißen Tee – oder etwas Stärkeres – zum innerlichen Aufwärmen. Was aber mittlerweile manchmal über

den Niederrhein fegt, ist alles andere als gemütlich. Unsere große Kletterrose 'Madame Alfred Carrière' wurde einmal schon teilweise aus der Befestigung gerissen und musste schnell so beschnitten werden, dass die nächsten Stürme keine weiteren Angriffsflächen haben würden. Dabei sollte man immer darauf horchen, ob die Dachziegel auch ruhig liegen bleiben, denn mit herunterfallenden Dachpfannen ist nicht zu spaßen.

Bei jedem Orkan haben wir Sorgen um unseren Baumbestand. Die Mehrzahl unserer Bäume hat eine Geschichte. So ist die große Robinie eine Erinnerung an eine alte Sandgrube, die ein Spielplatz meiner Kindheit war. Dort wuchsen viele Robinien, und Mitte der 1960er Jahre holzte man alle Bäume ab, weil aus dieser Grube eine Müllkippe werden sollte. Ich war damals empört und rettete

einen Wurzelausläufer. Daraus ist heute ein mächtiger Baum geworden. Auch unsere große Eiche hat einen biografischen Bezug: Sie ist ein Sämling aus dem Pfarrgarten in Moyland, wo wir 25 Jahre gewohnt haben. Unser Taschentuchbaum, ganz am Anfang unserer Gartenanlage gepflanzt, hat zwölf Jahre gebraucht, bis er zum ersten Mal blühte. So ließe sich zu fast jedem Baum unseres Gartens etwas erzählen. Wenn ein Orkan einen Baum umlegen würde, gäbe es zwar Ersatz, aber es wäre eben nur ein Ersatzbaum. Und ich möchte gar nicht ausrechnen, wie alt ich wäre, bis ein neuer Taschentuchbaum zum ersten Mal blühen würde.

Außerdem ist die „Baumkulisse" unseres Gartens eigentlich perfekt. Wir haben über Jahre hinweg die Baumkronen so beschnitten, dass sie ein harmonisches Bild bieten. Jeder Baum ist entsprechend seiner Wuchsform in seine Umgebung eingefügt worden. Wenn ein Sturm eine Lücke reißen würde, bräuchte es Jahrzehnte, bis das Bild wieder stimmig ist.

Schalenblüten-Charme

Wenn es im November länger regnet, erlebe ich den Garten vor allem durch die Fenster. Das ist zwar gemütlich, aber eigentlich etwas zu viel der Gemütlichkeit. Es ist einfach noch so viel zu tun: Dahlien sind auszumachen, weitere Tulpen müssen gepflanzt, Stauden abgeschnitten und Laub muss zusammengeharkt werden. Stattdessen sitze ich drinnen und sehe in den strömenden Regen, neben mir unser roter Kater, der die Ohren leicht zurückgelegt hat. Auch ihm ist der viele Regen nicht recht, und er hat schlechte Laune. Dann trollt er sich auf seinen neuesten Liegeplatz und ist für drei bis vier Stunden nicht mehr ansprechbar. Aber meine Laune hebt sich, wenn mein Blick auf die herbstblühende Kamelie fällt. Sie steht geschützt direkt an der Haus-

wand in einem Holzkübel. Man kann sich dem Charme dieser einfachen Schalenblüten nicht entziehen. Die zehn Zentimeter großen Blüten haben blassrosa Blütenblätter und in der Mitte einen kräftigen Puschel aus gelben Staubgefäßen. Als Sortenbezeichnung stand auf dem Schild „Sämling Italien“. Ich erinnere mich, dass der Gärtner in Isselburg, ein großer Kamelien-Liebhaber, mir beim Kauf erzählte, dass er diese Pflanze zusammen mit anderen Sämlingen unter einer großen Kamelie in einem norditalienischen Schlosspark ausgraben durfte. Vielleicht macht das den besonderen Charme dieser Pflanze aus. Durch den Vorhang des niederrheinischen Novemberregens strahlt ihre südländische Leichtigkeit und verbreitet gute Laune. Die gefüllten Kamelien mit ihren kräftigen Farben bewundern wir lieber in anderen Gärten. Die weitaus größte Zahl der Kamelien blüht im Frühling, und ihre starken Farben passen nicht zu den Narzissen und Magnolien unseres Gartens. Aber diese einzelne Kamelie mit ihren zarten Blüten gehört seit Jahren in unseren Herbstgarten. Überall letzte Blüten, bei den Rosen, den Dahlien und den Fuchsien – bei der Kamelie aber ist es erst der Anfang. Neben den offenen Blüten sitzen noch viele Knospen, die sich bald öffnen werden. Andere Herbstblüher allerdings leiden unter dem Regen. Es sind die späten Krokusse (*Crocus speciosus*), die in lichtem Blau blühen. Ihre großen Kelche fallen im Regen um, aber sobald die Sonne nur zwei oder drei Stunden scheint, blühen sie wieder auf. Es gibt noch eine andere Sorte Herbstkrokus, es ist der späteste von allen – und er beginnt jetzt mit seinen ersten Blüten. Die schmalen, weißen Blüten des *Crocus ochroleucus* schieben sich durch das Herbstlaub. Sie sind keine strahlenden Schönheiten wie die beschriebenen blauen Varietäten und ziehen eher mitleidige Blicke auf sich, weil sie unter den widrigen Wetterbedingungen der Novembertage ihre Blütezeit haben, zitternd und frierend am Wegesrand stehen und oft nur wenig beachtet werden.

Ginkgo, ein lebendes Fossil

Wenn die Blätter fallen und am Boden liegen, kommen die unterschiedlichen Blattformen zur Geltung. Das ist im Sommer anders, dann beachte ich sie weniger als jetzt im Herbst beim Zusammenfegen des Laubes. Die Blätter des Ginkgo-Baumes heben sich durch die strahlend goldgelbe Farbe und die besondere Form von anderen Blättern ab. Sie teilen sich in der Mitte und haben keine verzweigten Blattadern, sondern gleichmäßig verlaufende Rippen, die wie zusammengeklebte Nadeln aussehen. Der Ginkgo-Baum ist die älteste Pflanzenart, die es gibt. Er existierte schon, als die Saurier die Erde bevölkerten, und er war bereits Millionen Jahre alt, als die ersten Menschen versuchten, aufrecht zu gehen. Seine Heimat liegt in China und Japan, und von dort kam er um 1750 nach Europa. In China hat er den witzigen Namen „Entenfußbaum“, was beim Anblick der Blätter gut nachvollziehbar ist. Sein botanischer Name „Ginkgo“ geht auf einen Rechtschreibfehler zurück. So soll ein Botaniker den zweiten chinesischen Namen „Yin Hsing“ (Silber-Aprikose) beim Übersetzen so verdreht haben, dass dabei „Ginkgo“ herauskam. Wahrscheinlich hatte er nicht nur einen Knoten in der Zunge, sondern auch noch einen in der Hand, als er die chinesischen Schriftzeichen malte.

Ich finde den Namen „Entenfußbaum“ am schönsten, denn ich kann in der Blattform gut die Entenfüße erkennen. Aber wahrscheinlich wäre er mit diesem Namen nicht von J. W. von Goethe literarisch geadelt worden. Der Dichterfürst widmete dem Baum 1815 ein drei Strophen langes Gedicht mit dem Titel „Gingo biloba“. Dieses Gedicht gehört zu seinen bekanntesten Texten. Es wäre eine Untersuchung wert, welchen Einfluss das Gedicht auf die Verbreitung des Ginkgo-Baumes gehabt hat.

Natürlich steht er auch bei uns, sogar zweimal. Ein normal wachsendes Exemplar und ein kleines Bäumchen mit kugelförmiger Krone. Beide Bäume sind liebe Geschenke, denn ich bin der eigentümlichen Schönheit des Gingkos nicht wirklich verfallen. Der Baum hat in seiner viele Jahrzehnte währenden Jugend eine schlanke, etwas bizarre Wuchsform und ist deshalb auch für kleinere Grundstücke geeignet. Zum mächtigen Baum wird er erst nach Jahrhunderten, denn er wächst extrem langsam und wird älter als jedes Haus. Deshalb lautet ein weiterer Name „Großvater-Enkel-Baum“. Der Ginkgo kommt mit ganz unterschiedlichen Bodenverhältnissen zurecht und hat sich auch als Großstadt- und Straßenbaum bewährt, weil er immun gegen alle Schadstoffbelastungen ist. Seine Anpassungsfähigkeit hat sich in vielen Millionen Jahren offensichtlich so hervorragend entwickelt, dass gute Chancen bestehen, dass er auch den gegenwärtigen menschlichen Krieg gegen die Natur übersteht. Schließlich hat er auch die Saurier überlebt.

Gingo biloba

Dieses Baumes Blatt, der von Osten
Meinem Garten anvertraut,
Giebt geheimen Sinn zu kosten,
Wie's den Wissenden erbaut.

Ist es ein lebendig Wesen,
Das sich in sich selbst getrennt?
Sind es zwei, die sich erlesen,
Daß man sie als Eines kennt?

Solche Fragen zu erwidern,
Fand ich wohl den rechten Sinn,
Fühlst du nicht an meinen Liedern,
Daß ich Eins und doppelt bin?
(Johann Wolfgang von Goethe)

Dezember

Keine Blätter mehr an den Bäumen, nur noch wenige Blüten im Garten, und der Gärtner geht ins Haus, um den Advent zu feiern. Die Ruhe im Garten ist nur eine oberflächliche, denn in der Erde rührt sich das Leben. Alle im Frühjahr blühenden Blumenzwiebeln entwickeln jetzt ihre Wurzeln, mit der sie die Kraft für ihre Blätter und Blüten ansaugen. Es ist ein kleines Wunder, dass aus einer oft winzigen Zwiebel so viel Frühlingsfarbe erwächst. Und das in den unterschiedlichsten Formen, dazu auch noch mit Duft. Das alles wird jetzt in der Erde vorbereitet, leider auch beim Giersch … Dieser Fiesling unter den Gartengewächsen teilt sein Wurzelgeflecht im Dunkeln weiter, ähnlich wie es die Kartoffeln im Keller machen – und der Gärtner staunt im Frühjahr, wo überall dieses Unkraut hartnäckig wieder auftaucht, obwohl er ihm doch so energisch zu Leibe gerückt ist. Ein Trost sind die Blüten der Christrosen, die in den dunkelsten Tagen des Jahres ihre strahlend weißen Blüten öffnen.

Kinder, wie die Zeit vergeht

Familien mit Kindern können das Vergehen der Zeit am Wachstum ihrer Kinder beobachten. Bei uns sind es die Bäume, die uns – abgesehen vom morgendlichen Blick in den Spiegel – an das Vergehen der Zeit erinnern.

Als wir 1991 die Rhododendron-Böschung bepflanzten, sollte an markanter Stelle eine Eiche stehen. Eichen sind Tiefwurzler und vertragen sich deshalb ganz gut mit den flachwurzelnden Rhododendren. Aber wir wollten auch eine Eiche haben, die uns an die Zeit im Pfarrhaus in Moyland erinnert, denn wir wussten, dass wir dieses Haus einmal verlassen würden. Dort im Garten war unbemerkt und an unpassender Stelle ein Eichen-Sämling emporgeschossen. Wir gruben ihn aus, weil er in Schneppenbaum als zukünftiger Schattenbaum zwischen den neu gepflanzten Rhododendren stehen sollte.

Jetzt, im Spätherbst, ist das große Blühen im Garten vorbei, und der Blick geht in die „Baum-Etage", besonders zu den Bäumen mit buntem Herbstlaub. Wir bewundern unsere Moyländer Eiche, die sich zu einem großen Baum entwickelt hat, mit einem Stammumfang von 1,65 Metern! Die Krone erinnert in ihrer Form an einen aufsteigenden Heißluftballon und trägt gold-orange leuchten-

des Herbstlaub. Die Herbstfärbung beginnt grün-golden, jetzt – und in den folgenden Wochen – durchwandert sie die Skala von Orange bis Braun. Dann fegt ein herbstlicher Sturm die Blätter davon, und während des Winters bleibt die eindrucksvolle Baumkrone.

Für mich waren auch Kindheitserinnerungen an die „tausendjährige Eiche" in Moyland der Grund, einen solchen Baum bei uns zu pflanzen. Damals, Ende der 1950er Jahre, stand sie noch, ein mächtiger Baumriese auf einer Weide. Tageswanderungen mit unserer kleinen Dorfschule in Schneppenbaum führten zu dieser Eiche, und wir konnten mit acht oder zehn Schulkindern gerade mal den Stamm umfassen. Unser Lehrer erzählte uns dann, was diese Eiche alles im Laufe ihrer 1.000 Jahre gesehen haben könnte – das war fantasievoller Geschichtsunterricht. Heute noch gehe ich gern unter alten Bäumen spazieren und überlege, was sie alles an geschichtlichen Epochen erlebt haben könnten.

Unsere Eiche kann nur auf 21 Jahre zurückblicken, aber wir sind erstaunt über ihr Wachstum. Meine damalige Information, dass Eichen nur in feuchten Böden mit einem hohen Grundwasserstand richtig gut wachsen, ist offensichtlich widerlegt. Wir sind in Schneppenbaum fast 40 Meter über dem Grundwasserspiegel. Wie tief mag unsere Eiche wohl schon ihre Wurzeln ins Erdreich getrieben haben? Auch eine andere Information aus den Lehrbüchern trifft bei uns nicht zu: Eichen würden erst nach Jahrzehnten fruchten, hatte ich gelesen. Unser Baum streut schon seit mindestens acht Jahren seine Eicheln durch den Garten. Wenn wir nicht regelmäßig die Schösslinge zögen, hätten wir schon einen kleinen Eichenwald. Aber unsere Eiche soll keine Konkurrenz bekommen. Sie gibt dem Garten, gerade im Winter, durch ihren imposanten Habitus eine ganz besondere Note. Vielleicht ist sie ja ein Ur-Ur-Ur-Enkel der „tausendjährigen Eiche" auf der Moyländer Weide.

Winterschönheit

Schnee ist am Niederrhein immer etwas Besonderes und eher selten. Und manchmal gibt es Schnee zu Nikolaus. Es ist dann natürlich ein ausgesprochen behagliches Gefühl, wenn man dem wilden Schneetreiben draußen durch die großen Fenster unseres Esszimmers zuschauen kann, ohne dass irgendeine Verpflichtung einen nach draußen nötigt, denn alle gärtnerischen Aufgaben sind zugedeckt. Aus der Zeit meiner Berufstätigkeit weiß ich, dass Kinder an solchen Schultagen unruhig den Schneefall beobachten, am Unterricht nur noch mäßiges Interesse haben und eigentlich nur noch nach draußen wollen. Ich kann sie verstehen …

Weniger Freude an dem Schneetreiben haben unsere beiden Kater. Max sucht sich grimmig eine Schlafhöhle ohne Fensterblick, und Bert sitzt vor dem großen Fenster und legt verärgert die Ohren zu-

rück. Dann rollt er sich in einer Sofaecke zusammen und versteckt den Kopf zwischen Pfoten und Schwanz.
Wenn nach Schneefällen die Sonne wieder scheint und es klirrend kalt ist, habe ich jedoch meinen Spaß: Winterbilder vom Feinsten. Die Strukturen des Gartens sind an solchen Tagen besonders gut zu sehen, und der Betrachter kann die graubraunen Reste des vergangenen Gartenjahres ignorieren. Nur Schönheit, so weit das Auge reicht. Die charakteristischen Formen der Baumkronen sind weiß gepudert und kommen besonders gut zur Geltung. Die engli-

schen Gärtner sprechen von den „Knochen“ des Gartens, aber die Bäume im Schnee sind eigentlich viel zu schön, um sie mit einem Skelett zu vergleichen.
Am Niederrhein muss man jedoch damit leben, dass die Temperaturen schnell wieder steigen und dann alles matschig und grau wird. Dann heißt es: Möglichst keinen Blick nach draußen werfen, Kaminfeuer anzünden, Tee kochen, sich ein gutes Buch greifen und den Kater auf dem Sofa beiseiteschieben, auch wenn ihm das nicht gefällt.

Die Vogelwelt unseres Gartens

Wenn das Laub von den Bäumen und Sträuchern abgefallen ist, wird die Vogelwelt unseres Gartens (abgesehen von den Zugvögeln, die sich auf die Reise in wärmere Gefilde machen) besonders sichtbar. Da ist vor allem der große Meisen-Clan, mit Kohl- und

Blaumeisen, aber auch Tannen- und Schwanzmeisen. Daneben gibt es noch die allgegenwärtigen Amseln und – was die Größe betrifft – am anderen Ende der Skala den Zaunkönig. Keck hüpft er an den Fensterrahmen entlang und sucht in jeder Fuge nach Fressbarem. Jeder Gartenbesitzer kennt als ständige Begleiter bei der Gartenarbeit die Rotkehlchen. Meiner ist besonders anhänglich: Er hüpft nicht nur in Fußnähe um mich herum, sondern schwirrt sogar neben mir her, wenn ich mit der Schubkarre durch den Garten gehe. Habe ich im Gartenhaus etwas zu tun, folgt er mir auch dort hinein, und ich muss aufpassen, dass ich ihn nicht einsperre. Er versteht sogar, was ich meine, wenn ich ihm die Tür zum Überwinterungsraum für die Kübelpflanzen öffne. Dann sucht er die Töpfe ab und findet immer etwas. Wenn dann, etwa am Mittag (Sonnenschein vorausgesetzt), unser „Rotschwanz" – gemeint ist der rote Kater – mich im Garten besucht und eine Weile begleitet (aber nur, solange die Sonne scheint), verzieht sich das Rotkehlchen.

Überhaupt: Vögel und Katzen. Natürlich ist das Verhältnis dieser Tiergattungen vom Jagdtrieb der Stubentiger bestimmt. Aber der Spieß wird auch schon mal umgedreht. Ich konnte kaum glauben, was ich im Frühjahr zur Brutzeit sah: Unser roter Kater sprang voller Angst in großen Sätzen auf mich zu, verfolgt von mindestens sechs Amseln und Singdrosseln, die ihn – laut keifend – jagten. Er kroch eiligst neben mir unter einen Rhododendronbusch, und erst dann löste sich der Vogelschwarm auf. Erstaunlich, wie sich hier Sing- und Schwarzdrosseln zu einem Angriff zusammengetan hatten. Einigkeit macht eben stark. Eine Bedrohung unseres Vogelbestandes geht aber nicht wirklich von unseren zwei Katern aus. Höchstens ein bis zwei Vögel im Jahr fallen ihnen zum Opfer, und wir glauben, da schon einen Überblick zu haben, weil sie uns fast jede Jagdstrecke präsentieren. Während wir unser größtes Lob bei den vierfüßigen Beutetieren aussprechen, gibt es mächtig Ärger, wenn sie einen Vogel mitbringen. Meist reicht das für eine ganze Saison.

Richtige Gefahr für unsere Singvögel geht von den Eichelhähern und Elstern aus, die es viel zu zahlreich in der Landschaft gibt. Erschütternd, wie dreist ein Eichelhäher in unserer unmittelbaren Nähe ein Nest mit frisch geschlüpften Vögeln „auskippte" und mit einem Tierchen im Schnabel davonflog, während die anderen am Boden verendeten. Zur Brutzeit beobachten wir immer wieder Eichelhäher, die systematisch die Hecken nach Nestern absuchen. Aber es gibt auch beeindruckend schöne Räuber: So saßen wir am Esstisch und sahen, wie draußen ein prächtiger Raubvogel eine Amsel aus einem winterkahlen Strauch „pflückte". Ich habe erst im Bestimmungsbuch nachgeschlagen, um sicher zu sein, dass es sich um einen Habicht handelte. In den folgenden Tagen konnte ich ihn mehrfach im Garten beobachten. Die Wirkung auf unsere Gartenvogelwelt war in etwa dieselbe wie die beim Anblick einer Haifischflosse an einem Badestrand: Alles nahm Reißaus. Es dauerte eine ganze Weile, bis sich die gefiederten Bewohner wieder einfanden.

Und an der Futterstelle auf unserem Innenhof geht es auch nicht gerade friedlich zu. Unglaublich, wie sich eine Blaumeise aufplustern kann, um sie zu verteidigen. Ein Buntspecht zieht die akrobatische Methode vor: Kopfüber hängt er sich neben den Meisenknödel, krallt sich mit einem Fuß am Zweig fest und holt mit dem anderen den Knödel heran, um dann mit seinem kräftigen Schnabel das Futter aus dem Netz zu hacken. Da können die anderen Vögel lange warten.

Warum haben Sie keine Beleuchtung im Garten?

Wir sitzen mit einem guten Bekannten bei einer Tasse Kaffee in der frühen Winterdämmerung am Esstisch und beobachten durch die Fenster, wie der Garten langsam in der Dunkelheit verschwindet. Unser Besucher erzählt, dass bei ihm zu Hause einige Bäume ausgeleuchtet werden und so auch sein Garten in der Dunkelheit

noch sichtbar sei. Er fragt, warum wir das nicht machen. Die Antwort weiß ich einige Zeit später, als ich zum ersten Advent unseren Herrnhuter Stern draußen in den ausladenden Zweigen der *Wisteria* anbringe. Dieser schwach leuchtende Stern ist bei uns die einzige adventliche Außenbeleuchtung, manchmal ergänzt durch eine Kerze, die in einer Laterne auf dem steinernen Terrassentisch brennt. Für uns erzeugt gerade dieses sparsame Licht mehr vorweihnachtliche Atmosphäre als jede andere Beleuchtung.
Denn Weihnachten mit dem kerzengeschmückten und hell strahlenden Baum ist für uns nur dann erfahrbar, wenn wir vorher die Dunkelheit der Dezembertage erlebt haben. Zu dieser Dunkelheit gehört auch an klaren Tagen der Sternenhimmel, den eine Beleuchtung ausblenden würde. Wenn ich abends mit dem Auto unterwegs bin, sehe ich viele üppig beleuchtete Häuser und denke dann, wie viel feierliche Stille der bescheidene Stern in unserem Garten verbreitet.
Das klingt jetzt so, als würden wir uns wie winterliche Eremiten in unserem Garten verschanzen. Das täuscht, denn zu unserer Vorweihnachtszeit gehört auch immer der Besuch in einer der großen Städte mit ihrem pulsierenden Leben. Dann flanieren wir durch die Straßen und Gassen, genießen die weihnachtliche Dekoration in den Geschäften und lassen uns zum Abschluss in einem Restaurant nieder, um von dort aus der draußen tobenden Konsumschlacht zuzusehen. Und wie schön, dann wieder nach Hause zu fahren. Schon im Zug ein kurzer Blick in die erstandenen Bücher und später die Stille und Dunkelheit bei uns. Nur der Stern verbreitet etwas Licht und erinnert daran, dass die dunklen Tage ihren Höhepunkt erreicht haben.

Winterruhe?

Oft höre ich: „Im Winter ist Ruhe im Garten." Von wegen. Das ist nur eine scheinbare. In der Erde tut sich vieles: Alle früh blühenden Zwiebelgewächse bereiten ihren Start vor. Narzissen, Tulpen & Co. haben schon längst Wurzeln getrieben, denn ihre Ruhezeit war der Sommer. Ab September beginnen sie mit der Entwicklung der Wurzeln und schon ab November werden vorsichtig die Triebe aus den Zwiebeln geschoben. Meist warten sie noch bis Januar, um dann mit den ersten Spitzen die Erde zu durchbrechen. Unter einer Schneedecke fühlen sie sich geschützt und können wachsen. Lediglich bei Kahlfrost legen sie einen Stopp ein. Meist sind die

Schneeglöckchen besonders forsch und durchstoßen an verschiedenen Stellen unseres Gartens als Erste die Erde – Nomen est omen. Winteraktiv sind auch die Nüsse – es ist eindrucksvoll, wie jetzt schon die Walnüsse, die nicht aufgesammelt worden sind, mit einem Keim die harte Schale sprengen. Wenn wir eine reiche Nussernte haben, kommen wir mit dem Aufsammeln kaum hinterher, einiges bleibt zwischen den Stauden liegen und Dohlen und Krähen halten „Nachlese". Die ersten Nüsse keimen, und wenn ich nicht aufpasse, wachsen überall kleine Nussbäume. Besonders unangenehm ist es, wenn sie sich in einer Rose oder in einem Strauch ansiedeln. Dann gibt es einen „Kuckuck-Effekt": Schon im zweiten Jahr ist aus dem harmlosen Keimling eine kräftige Pflanze geworden, die ihre Pfahlwurzel tief in die Erde getrieben hat, im dritten Jahr schon ihre Nachbarn bedrängt und nur noch mühsam zu entfernen ist. Auch der große Nussbaum an unserer Ein-

fahrt hat nur eine kurze Ruhezeit, die direkt nach der Fruchtreife einsetzt. Schon im Dezember beginnt der Saftdruck, und im Januar ist er bereits so stark, dass der Baum heftig „blutet“, wenn er dann erst beschnitten wird. Die beste Zeit, einen Walnussbaum zu beschneiden, ist deshalb der November.
In der Erde tut sich noch viel mehr. Die Maulwürfe sind zwar blind, aber nicht faul. Sie kennen keine Schlecht-Wetter-Pause und graben unermüdlich, was an den Erdhaufen zu sehen ist, die uns besonders ärgern, wenn sie sich auf dem Rasen breit machen. Andererseits fressen Maulwürfe viele Schädlinge, die sich in die Erde zurückgezogen haben – nur leider nicht die Wühlmäuse, die sich ihr Winterquartier mit Vorliebe unter den *Iris sibirica* einrichten. Das ist dann ihr warmer Vorratskeller, sie vertilgen das gesamte Wurzelwerk einer Staude und ziehen dann weiter bis zur nächsten. Sie sind eine Plage, denn man kann sie nur schlecht bekämpfen. In unserem Sandboden graben sie ihre Gänge bis zu zwei Metern Tiefe und lieben es daher gar nicht, wenn die Erde bearbeitet wird. Durch unsere umfangreichen Tulpenpflanzungen vertreiben wir sie – für ein paar Wochen – zumindest von der Oberfläche. Aber sie warten in den tieferen Gängen nur darauf, dass oben wieder Ruhe einkehrt, um dann weiter ihr Unwesen zu treiben.

Dennoch stellt sich eine gewisse Ruhe bei mir, dem Gärtner, ein. Ich nenne das meine „Adventsruhe“, denn eigentlich könnte ich draußen noch etwas tun. In diesen Wochen vor Weihnachten ist es im Haus sehr gemütlich, und ich genieße es, durch die großen Fenster in den winterlichen Garten zu blicken. Aber ich weiß, dort draußen ist der Friede nur ein oberflächlicher …

Eine botanische Weihnachtsgeschichte

Es ist ein Ros' entsprungen,
aus einer Wurzel zart,
wie uns die Alten sungen,
von Jesse kam die Art
und hat ein Blümlein bracht
mitten im kalten Winter,
wohl zu der halben Nacht.

Dieses aus dem Mittelalter stammende Weihnachtslied ist der Namensgeber für die Christrose (*Helleborus niger*). Mit einer Pflanze, die zur Unzeit – an den kürzesten und oft kältesten Tagen des Jahres – ihre Blüten entfaltet, wurde die Geburt Jesu verglichen. Es ist tatsächlich ein biologisches Wunder, dass eine Pflanzengattung in diesen unwirtlichen Tagen ihren Vegetationshöhepunkt hat, und ihre strahlend weißen Blüten sind ein optimistisch stimmender Anblick im ansonsten ziemlich grauen Garten. Für mich gehören seit Jahrzehnten ein paar blühende Christrosen zum weihnachtlichen Tischschmuck.

Vor 40 Jahren war es schwierig, in einem Blumengeschäft Christrosenstiele aufzutreiben. Im elterlichen Garten wuchsen damals keine Christrosen, und sie waren insgesamt sehr selten. Manchmal bin ich bis Nijmegen gefahren, um in einem besonderen Blumengeschäft drei Christrosenstiele für den Weihnachtstisch zu erwerben.

Das hat sich geändert. In den letzten zehn Jahren sind Christrosen in großem Stil für das Weihnachtsgeschäft gezogen worden. Inzwischen werden sie sogar im Baumarkt angeboten. Von der Wildform, die nur wenige Blüten treibt, werden Hybriden gezüch-

tet, die überreich Blüten ansetzen. Es gibt kräftige Pflanzen im Handel, die sogar nach dem Auspflanzen im Garten gut weiterwachsen. Generell bin ich skeptisch gegenüber großen Stauden in Töpfen, weil sie in stark gedüngten Substraten zu üppiger Blüte gedrängt worden sind. Nach dem Auspflanzen in die jeweilige Gartenerde haben sie dann nur geringe Chancen, weiter zu wachsen, denn wenn die Düngung in den Topfballen aufgebraucht ist, kommen die gepuschten Pflanzen mit der normalen Gartenerde meist nicht mehr zurecht und sterben langsam ab. Bei Christrosen scheint das anders zu sein. Obwohl in gedüngten Substraten gezogen, wachsen sie in unserem Garten gut an. Allerdings brauchen sie in jedem Frühjahr eine zusätzliche Gabe Kalk.

Christrosen-Wurzeln sind übrigens giftig. Im Altertum wurden sie zwar – in geringen Dosierungen – wegen ihrer heilenden Eigenschaften genutzt, aber sie galten auch als Waffe. Bei Pausanias wird von der Belagerung der Festung Kirrha berichtet, und es heißt: „Der Belagerer ließ der ausgedörrten Stadt Trinkwasser mit Helleborus-Wurzeln zuleiten, was die Bewohner so durch Wahn und Durchfall schwächte, dass es ein Leichtes war, die Stadt einzunehmen." Aber wir müssen Christrosen ja nicht essen – uns soll es genügen, ihre überraschende Schönheit inmitten von Eis und Schnee zu bewundern.

Der Garten

Unser 4.000 Quadratmeter großer Garten liegt in der Gemeinde Bedburg-Hau, in der Nähe von Kleve. Im Ortsteil Schneppenbaum begannen wir Mitte der 1980er Jahre, eine Gartenanlage zu schaffen. Ein geerbtes Grundstück musste genutzt werden, und durch einen großen Garten in der Nachbarschaft des Pfarrhauses in Moyland, den wir häufig besuchten, wurden wir angeregt, uns diesem Thema zuzuwenden.

Zunächst entstand ein Biotop in einem weißen Garten. Ohne große Kenntnisse begannen wir mit der Anlage. In den folgenden zehn Jahren erwarben wir grundlegende Kenntnisse in Sachen Gartengestaltung. Reisen nach England, Frankreich und in die Niederlande zeigten uns, was Gartenkultur für den Alltag bedeuten kann. Angeregt von diesen Eindrücken entstanden weitere Gartenbereiche. Zum „weißen Garten" kamen ein „gelber Hügel", eine „orangefarbene Ecke" und ein „blauer Garten" hinzu. Unser Lebensstil wurde zunehmend von diesem Thema bestimmt, denn mit einem großen Gemüsegarten und einer Obstwiese komplettierten wir unsere Anlage. Wir nahmen die Aufgaben in Angriff, die ein großes Gelände stellt – was sowohl Zeit- als auch Geldaufwand betraf. Und es wurde spannend, denn wir tauchten in eine andere Welt ein, in der die Natur den Rhythmus vorgibt.

Erstaunt beobachten wir nun seit Jahren, dass die technologisch bestimmte Entwicklung der Gesellschaft immer mehr Fahrt aufnimmt. Unser Leben dagegen richtet sich nach den Anforderungen der Natur und des Gartens – „Entschleunigung“ ist deshalb für uns kein besonderes Thema, ebenso wenig wie „Nachhaltigkeit“, denn jeder Strauch, jede Staude und erst recht jede Baumpflanzung ist auf Zukunft angelegt. Grundsätzlich denken wir Gärtner in langen Zeiträumen. Schnelle Bedürfnisbefriedigung gibt es nicht, dafür aber Beobachtungen vielfältiger Art – jahreszeitliche Farbenspiele und Düfte etwa. Wir sind ganz nah an der Natur, können unser Obst und Gemüse aus dem Garten direkt in die Küche tragen und dort zu schmackhaften Mahlzeiten verarbeiten. Dieses große Angebot hat auch einen kreativen Schub in der Kü-

che zur Folge gehabt, und wir haben viele neue Gerichte gestaltet. Ungetrübt ist unser Gartenleben jedoch nicht. Wir spüren, dass sich die Umweltbedingungen verändern: Neue Krankheiten, neue Schädlinge und invasive Unkräuter stellen uns vor bisher nicht gekannte Probleme. Das *Buxus*-Sterben z. B. macht uns besonders große Sorgen, denn es hat im Gemüsegarten nicht nur einen großen Teil der Beeteinfassungen vernichtet, sondern ist auch ein Alarmzeichen besonderer Art. Diese Pflanzengattung, die schon bei den Römern vor 2.000 Jahren in beschnittener Form die Gärten zierte, stirbt seit zehn Jahren an zwei neuen Krankheiten, und bisher ist dagegen buchstäblich kein Kraut gewachsen. Daneben gibt es noch andere negative Entwicklungen, die uns immer wieder vor neue Aufgaben stellen. Wir stellen fest: Alle Entwicklungen, die die Natur bedrohen, erreichen auch uns. Und so können wir uns in unserer Gartenidylle keinesfalls zufrieden zurücklehnen, sondern erfahren täglich aufs Neue, was es alles zu bewahren gilt.

Unseren Garten öffnen wir seit Jahren für interessierte Besucher. Die Termine werden regelmäßig unter www.lucenz-bender.de oder www.gaerten-kleverland.de veröffentlicht.

Manfred Lucenz und Klaus Bender, Februar 2014